LA COMMUNE

ET SES IDÉES

A TRAVERS L'HISTOIRE

PAR

EDGAR BOURLOTON ET EDMOND ROBERT

« Il faut éclairer les lois par l'histoire. »
(MONTESQUIEU.)

LES IDÉES DE LA COMMUNE.

LA COMMUNE DE PARIS. — IDÉE FÉDÉRATIVE.

SOCIALISME.

IDÉE ANTI-RELIGIEUSE. — ÉMANCIPATION DES FEMMES.

RÉPUBLIQUE UNIVERSELLE. — RÉFORMES ADMINISTRATIVES.

CRIMES.

PARIS

LIBRAIRIE GERMER BAILLIÈRE

17, RUE DE L'ÉCOLE-DE-MÉDECINE

—

1872

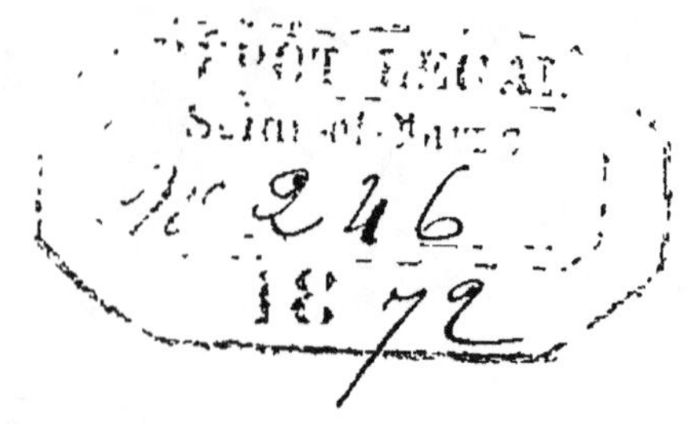

LA COMMUNE

ET SES IDÉES

A TRAVERS L'HISTOIRE

AUTRE OUVRAGE DE M. EDGARD BOURLOTON.

L'Allemagne contemporaine. 1 vol. in-18 de la *Bibliothèque
d'Histoire contemporaine.*   3 fr. 50

COULOMMIERS. — Typ. A. MOUSSIN

LA COMMUNE

ET SES IDÉES

A TRAVERS L'HISTOIRE

PAR

EDGAR BOURLOTON ET EDMOND ROBERT

« Il faut éclairer les lois par l'histoire. »
(MONTESQUIEU.)

LES IDÉES DE LA COMMUNE.

LA COMMUNE DE PARIS. — IDÉE FÉDÉRATIVE.

SOCIALISME.

IDÉE ANTI-RELIGIEUSE. — ÉMANCIPATION DES FEMMES.

RÉPUBLIQUE UNIVERSELLE. — RÉFORMES ADMINISTRATIVES.

CRIMES.

PARIS

LIBRAIRIE GERMER BAILLIÈRE

17, RUE DE L'ÉCOLE-DE-MÉDECINE

—

1872

LA COMMUNE

ET SES IDÉES

A TRAVERS L'HISTOIRE

LES IDÉES DE LA COMMUNE

L'insurrection du 18 mars dut être prévue bien plus par ses adversaires que par ses auteurs. Le gouvernement connaissait ou devait connaître la résistance qu'il aurait à vaincre ; il était le maître de l'heure et des moyens contre une insoumission fatiguée même de l'attendre ; depuis plusieurs jours, la reprise des canons était imminente, et si le gouvernement avait laissé à l'insurrection le loisir de s'organiser quelque peu sous la direction d'un comité central, tout homme d'ordre comprenait qu'on avait voulu épuiser ainsi les chances de conciliation, et que le secret de la patience du pouvoir était dans sa force même. Les hommes d'ordre se trompaient : l'excès de leur confiance suffirait à justifier leur surprise, leur désarroi, leur inertie.

Il y a toujours profit à être juste : ceux qui ont assisté à cette révolution singulière savent que si le gouvernement, en reprenant les canons, ne faisait qu'user de son droit, l'insuffisance des mesures militaires prises le 18 mars, le trop faible effectif des colonnes expéditionnaires, le retard dans l'arrivée des attelages, mettant nos jeunes soldats en contact avec la garde nationale, donnèrent à celle-ci l'occasion et le temps d'achever la démoralisation des troupes, de se mêler à elles, de les disperser dans les cabarets environnants, d'accomplir enfin, en fraternisant, ce qui n'eût pas été possible de vive force. Les soldats mirent la crosse en l'air; ils ne firent feu que rue des Rosiers.

On sait le reste : une partie de la garde nationale de l'ordre hésitant à donner son concours à un pouvoir qui n'en avait pas voulu contre l'étranger et qui datait de Versailles ses appels à la résistance; les faubourgs debout, paralysant par la position, le nombre, l'armement, la résistance qui s'ébauchait au centre, et qui, résolue mais trop faible, allait, au bout de six jours, de sa dernière citadelle, la gare Saint-Lazare, être contrainte à se replier sur Versailles.

L'insurrection parisienne avait été une surprise pour tous : pour le comité central qui, après avoir abandonné les canons, ne pouvait pas s'attendre à les reprendre; pour les fédérés qui, après s'être retirés devant l'armée, l'entraînaient maintenant avec eux; pour les hommes d'ordre qui n'avaient jamais supposé une défaite; pour le gouvernement qui n'avait pas compris la résistance.

Moins préparé à vaincre qu'à profiter de la victoire, le Comité central, en permanence, et qui n'avait à délibérer que de l'audace, fut le premier prêt à tirer parti des événements.

Le 31 octobre et le 22 janvier s'étaient faits au cri de *vive la Commune;* dès le 19 mars, le comité central, se posant uniquement en « gouvernement provisoire » (1), faisait appel aux électeurs (2), éclatante répudiation des traditions du gouvernement du 4 septembre.

Des vingt-trois membres, presque tous inconnus, qui le composaient, la moitié seulement fit partie de la Commune, et ce n'est que lorsqu'on eut vu sortir des élections du 26 mars les noms moins obscurs des Delescluze, des Rigault, des Pyat, des Gambon, des Vallès, etc., qu'on put prédire que cette insurrection allait prendre une forme définitive et tenter, par tous les moyens, de devenir, ce qu'elle n'avait jamais pensé être, une révolution.

Les influences personnelles, qui allaient se faire jour, lui donnent, à ce moment seulement, des origines particulières, outre les origines de toute révolution, l'exploitation par les habiles des souffrances et de l'ignorance sociales. Si la puissance révolutionnaire est dans le peuple, qui est le bras, le plan et le but n'appartiennent qu'à ceux qui le dirigent, à la tête, dans laquelle les tentatives avortées, les échecs successifs ont produit, avec le temps, une redoutable fixité de résolution. La longue gestation de l'idée personnelle développe, chez de tels hommes, tribuns ou prophètes, et presque à leur insu, un in-

____

(1) *Adresse du conseil général de l'Association internationale des travailleurs.*

(2) *Aux gardes nationaux de Paris.*

dividualisme tyrannique; nul n'est plus despote, plus impitoyable que ces fanatiques triomphants : toute révolution qui se fait leur appartient; le peuple n'est que le levier grossier qui soulève leur idée, et il n'y a pas un de ces Louis XIV de la brasserie et du ruisseau qui ne pense et ne dise : La révolution, c'est moi !

Un des habitués, qui est dans le secret, vient de l'avouer avec amertume (1) : « Les pontifes du jacobinisme ne cachèrent pas leur haine pour cette révolution faite par des prolétaires, trahissant ainsi leur véritable ambition, qui est de gouverner le peuple, nullement de l'émanciper. »

La persévérance de ces idées qui reviennent sans cesse depuis des siècles, et qui parviennent toujours à séduire les masses, malgré leur insuccès, est bien faite pour frapper les hommes d'ordre et de réflexion. Il nous appartient de rechercher ce qu'il y a de légitime dans ces revendications, dans ces exigences, qui bouleversent périodiquement les états et les sociétés, et d'indiquer, s'il est possible, le terme de la conciliation de tous les droits et de tous les devoirs.

Les idées sociales, dont l'insurrection du 18 mars a été la dernière affirmation et la plus terrible, n'empruntent à notre temps qu'un plus grand degré d'énergie et une plus redoutable puissance d'organisation. En elles-mêmes, elles sont vieilles comme les sociétés; elles recrutent leurs plus hardis sectaires parmi les ambitieux de bas-étage, parmi ceux que *foulent aux pieds*, comme on dit chez eux,

____

(1) Lissagaray. — *Les huit dernières journées de mai derrière les barricades.*

la justice et la loi ; hommes de haine et rarement de conviction, qui se vendent souvent, qui ne se livrent jamais. Ils connaissent à fond le métier révolutionnaire, et ils en vivent ; l'habitude de l'émeute les rend adroits, nécessaires, hardis et froids dans la décision ; ils disent au prolétaire : « Va te faire tuer pour vivre heureux ! » Et le prolétaire va se faire tuer, tandis qu'ils se ménagent, et, grâce à l'Angleterre, arrivent tranquillement aux cheveux blancs.

Nous ne pouvons pas croire qu'il n'y ait rien à faire pour les obscures victimes qu'attendent obstinément les balles, les pontons et l'exil. Nous ne songeons pas assez que la victoire a d'autres devoirs que de triompher, qu'il n'y a rien de changé dans l'esprit des vaincus, mais seulement une rancune de plus, qu'il nous est d'autant plus necessaire de délibérer de ces choses que la révolution sociale est en permanence au seuil de la société. Quel obstacle lui opposons-nous ? Un seul, la force, l'armée ; qui oserait dire que cela suffira toujours, et d'ailleurs qui ne désirerait délier le nœud gordien en laissant l'épée au fourreau ?

Il faut des remèdes efficaces.

On a dit que c'était l'avénement d'un quatrième état (1) ; non, en France ces anciennes distinctions sont effacées ; le tiers-état n'existe plus, la lutte n'est pas une lutte politique : deux puissances sont maintenant aux prises : le capital et le travail. La crise politique finit à 93, et nous sommes en pleine crise sociale.

____

(1) Lissagaray. — *Les huit dernières journées.*

Le 18 mars, ou plutôt le 26 mars, l'élection de la Commune est un des actes de ce long drame, élaboré pendant des siècles, et mis à la scène depuis 1830 seulement. Tout parti qui triomphe est oppressif, et la bourgeoisie triomphante trouva alors au-dessous d'elle sur qui peser : aussi c'est elle qu'ont menacée les émeutes, les journées de juin, les clubs, l'Internationale, et que menacent encore les vaincus de mai 71. Il n'y a pas à s'y tromper, les origines de l'insurrection sont profondes.

Ceux qui l'excusent (1) en rejettent la faute sur le patriotisme du peuple de Paris ulcéré par la capitulation, par les idées de *décapitalisation* attribuées à l'Assemblée, et sur un amour farouche de la République; ceux qui s'excusent (2) en chargent lourdement l'Empire, qui, s'il mérite une part de responsabilité dans la préparation de cette conspiration sociale, eut du moins la volonté et la force d'en comprimer l'explosion.

La fuite du gouvernement à Versailles avait laissé le champ libre à l'insurrection : le Comité central, mis en demeure de ratifier ce que ses bataillons avaient fait, n'eut en vue que des mesures administratives; le 20 mars, il prenait en main tous les services publics, abandonnés par ordre, et désavouait, sans le condamner, l'assassinat des généraux Lecomte et Clément Thomas; le 21, il affirmait la liberté de la presse, dont il devait tenir si peu de compte, et, vis-à-vis des Prussiens, s'engageait à respecter les préliminaires de paix. Il est manifeste

(1) E. Lockroy. — *La Commune et l'Assemblée.*
(2) *Circulaire de M. Jules Favre à nos agents diplomatiques à l'étranger.*

que le Comité central avait hâte d'établir un gouvernement insurrectionnel, à qui une apparence de légalité donnât une force qu'il n'avait pas lui-même ; de là, son obstination à précipiter les élections municipales, et à repousser, sur la seule question de date, l'intervention des maires de Paris et l'accord avec l'Assemblée de Versailles ; Assi et Lullier étaient les seuls hommes marquants du Comité, et le rôle secondaire qu'ils ont tenu sous la Commune, montre combien ils étaient incapables, seuls, de donner à l'insurrection une impulsion énergique.

La *fédération de la garde nationale*, qui avait fait l'insurrection du 18 mars, et qui n'avait qu'un but politique, maintenir le gouvernement républicain par l'organisation de la garde nationale en dehors du pouvoir, se sentit bientôt débordée par l'Internationale qui vit, dans ce soulèvement inattendu, l'occasion de faire prévaloir ses doctrines socialistes. L'union entre les comités de la garde nationale et le comité de la fédération socialiste, qui siégeait rue de la Corderie, avait été préparée depuis quelque temps ; dès le 7 mars, le *Cri du peuple* annonçait la fusion « avec une véritable joie patriotique », fusion qui avait été imposée au Comité central, plutôt qu'acceptée par lui, au témoignage d'un de ses membres, Ferrat : « Lullier nous avait imposé l'Internationale et la fédération corporative » (1).

Ce fut en réalité l'Internationale qui triompha aux élections du 26 mars : le Comité central fut

____

(1) Interrogatoire de Ferrat, audience du 18 août.

réduit, au moins en apparence, à l'administration de la guerre qu'il n'obtint même qu'en avril. Le triomphe de l'Internationale allait donner au mouvement une direction nouvelle, et l'influence de l'Internationale fut telle à ce moment que bien que cette société comptât, dans la nouvelle Commune, douze ennemis avoués au moins (1) et beaucoup d'indifférents, elle dirigea dans la séance du 29 mars l'élection des commissions à l'Hôtel-de-Ville, s'emparant presque exclusivement de celles dont les travaux intéressaient le plus ses doctrines, telles que la *commission du travail* et la *commission des finances*, et plaçant ses adversaires aux postes les plus dangereux et les plus difficiles, à la guerre, aux relations extérieures, à la sûreté générale.

Il est à remarquer que, dans la courte histoire de la Commune, les membres de l'Internationale jouèrent le rôle le plus sérieux et le moins violent; ils fournirent à la commune des administrateurs, et des théoriciens, comme Theisz aux postes, Frankel à l'industrie, Vaillant à l'instruction publique, Beslay à la Banque, Vésinier à l'*Officiel*, qui donnèrent un moment, à cette émeute sans principes et sans but, une apparence de régularité et de vie; ils votèrent intrépidement contre les mesures violentes, contre le *Comité de salut public* (2); ils poursuivi-

(1) Delescluze, Tridon, Cournet, Régère, Ranvier, Eudes, Pyat, Ferré, Lefrançais, Oudet, Protot, Miot, etc.

(2) Séance du 2 mai. Votes motivés *contre :* Clément, Avrial, Theisz, Pindy, Gérardin, Beslay, Vaillant, Longuet, Malon, Serrailler, Langevin, Varlin, tous de l'Internationale; Frankel vote *pour* quoiqu'il ne voie pas l'utilité de ce comité, et tout en se réservant le droit d'insurrection contre lui.

rent toujours l'œuvre socialiste : « Nous ne devons pas oublier, disait Frankel, à la séance du 12 mai, que la révolution a été faite exclusivement par la classe ouvrière. Si nous faisons rien pour cette classe, *je ne vois pas la raison d'être de la Commune.* » Et ce ne fut que lorsque cette minorité socialiste protesta, le 16 mai, contre la dictature révolutionnaire des Pyat, des Rigault, et déclara qu'elle ne siégerait plus à l'Hôtel-de-ville, que Rigault et Urbain osèrent, dès le lendemain, proposer et faire voter la loi des otages (1).

La Commune de Paris, la vieille Commune révolutionnaire de Chaumette, d'Hébert et de Pache, le Paris du 15 mai et du 23 juin 1848, allaient renaître, dans la rage des premiers revers militaires, et dans le pressentiment d'une défaite prochaine, et trouver d'inexorables continuateurs parmi ceux qui, placés au poste le plus compromis, n'avaient plus que la terreur pour arme et la résolution du désespoir.

Il y eut ainsi dans la révolte de 1871 trois phases distinctes : provoquée et exécutée par l'élément républicain, sans autre programme que le maintien de la république, puis recueillie et organisée par l'élément socialiste, qui lui apportait l'appui considérable de l'Internationale, elle tomba rapidement entre les mains des révolutionnaires proprement dits. Cette triste évolution amène successivement au pouvoir le Comité central de la garde nationale, la Commune de Paris, et le Comité de salut public.

Les tendances de ces trois autorités furent variées,

____

(1) Séance du 17 mai.

et parfois contradictoires ; les plus précises et les plus populaires appartiennent à l'Internationale, seul parti qui possédât une organisation solide et des vues arrêtées, pour lequel le mouvement politique était un moyen, et la révolution sociale le véritable but. C'étaient des hommes nouveaux, ennemis naturels des traditions révolutionnaires purement politiques auxquelles se rattachaient quand même les révolutionnaires violents, les jacobins (1). Les uns et les autres avaient le même programme politique, mais ceux-ci s'en tenaient là, tandis que les membres de l'Internationale poursuivaient, au delà, la réforme sociale.

Aussi les idées politiques de la Commune sortirent-elles peu à peu des événements mêmes plutôt que d'un plan préalablement conçu ; l'isolement où Versailles et la France mirent Paris inspira l'idée de la commune indépendante, et de Paris, « ville libre dans le pays libre » (2) ; la nécessité de trouver dans les départements un appui, qui gênât l'action vigoureuse de l'Assemblée nationale et entravât la répression, provoqua l'union fédérative et dicta la

(1) Attendu que le mot de salut public est absolument de la même époque que les mots de République française et de Commune de Paris, je vote pour.

Pyat.

— Espérant que le comité de salut public sera, en 1871, ce que l'on croit généralement, mais à tort, qu'il a été en 1793, je vote pour.

Rigault.

— Les titres : Salut public, Montagnards, Jacobins, ne peuvent être employés dans ce mouvement *socialiste* républicain.

Courbet.

Séance de la Commune du 1ᵉʳ mai 1871.

(2) Proclamation du Comité central du 22 mars 1871.

proclamation de *la Commune de Paris aux départements* (1) ; les décisions relatives au système militaire et à l'organisation de la magistrature répondirent aux exigences temporaires d'une situation difficile.

Les idées socialistes, au contraire, avaient un caractère de précision et de préméditation, qui prouvait à quel point l'Internationale se tient préparée à tout événement: « Si la commune triomphe, comme c'est certain, disait Lefrançais, tout ce qui s'appelle assistance publique, hôpital, maison de secours, mont-de-piété, disparaîtra sûrement. Mais ceci correspond à une *série d'institutions économiques nouvelles*, que vous ne pouvez formuler dans un article de décret (2) ».

Ces « institutions économiques nouvelles » ne sont pas difficiles à déterminer, d'après les décrets nombreux portés par la Commune, à mesure que, de pouvoir municipal qu'elle avait été d'abord (3), elle usurpait peu à peu la puissance politique. C'était, comme principe, la revanche des prolétaires. « Travailleurs, ne vous y trompez pas ; c'est la grande lutte, c'est le parasitisme et le travail, l'exploitation et la production qui sont aux prises.

« Si vous êtes las de végéter dans l'ignorance et de croupir dans la misère ; si vous voulez que vos

____

(1) *Journal Officiel* du 7 avril.
(2) Séance de la Commune, du 25 avril.
(5) « La révolution accomplie à Paris, ayant un caractère purement municipal... » Lettre du comité central au commandant des armées prussiennes, du 22 mars 1871.

— « Pour moi, la commune n'était pas un gouvernement elle devait, à l'origine, se restreindre aux questions municipales. »

Interrogatoire de Rastoul, audience du 19 août.

enfants soient des hommes, ayant le bénéfice de leur travail, et non des sortes d'animaux dressés pour l'atelier et pour le combat, fécondant de leurs sueurs la fortune d'un exploiteur, ou répandant leur sang pour un despote; si vous ne voulez plus que vos filles, que vous ne pouvez élever et surveiller à votre gré, soient des instruments de plaisir aux bras de l'aristocratie d'argent; si vous ne voulez plus que la débauche et la misère poussent les hommes dans la police et les femmes à la prostitution; si vous voulez enfin le règne de la justice, travailleurs, soyez intelligents, debout! et que vos fortes mains jettent sous vos talons l'immonde réaction! » (1)

Pour arriver à ce but, Paris se réservait d'opérer, comme il l'entendrait, « des réformes dans l'instruction, la production, l'échange, le crédit, la propriété, » qui devaient amener « la fin du vieux monde gouvernemental et clérical, du militarisme, du fonctionnarisme, de l'exploitation, de l'agiotage, des monopoles, des priviléges, auxquels le prolétariat doit son servage (2) ». On essaya quelques-unes de ces réformes. En morale, on eût voulu l'athéisme, si on avait eu le temps de le décréter (3); à la séance de la Commune du 19 mai, le ci-

(1) Proclamation du comité central aux habitants de Paris, le 5 avril 1871.

(2) Déclaration de la commune de Paris *Au peuple français*, du 19 avril 1871.

(3) « La commune a décidé l'envoi de deux de ses membres aux funérailles de Pierre Leroux, après avoir déclaré qu'elle rendait cet hommage, non au philosophe partisan de l'idée mystique dont nous portons la peine aujourd'hui, mais à l'homme politique qui, le lendemain des journées de juin, a pris courageusement la défense des vaincus. » *Journal Officiel du 14 avril 1871.*

toyen Mortier désirait « voir les églises ouvertes
pour y traiter de l'athéisme et anéantir par la
science les vieux préjugés et les germes que la sé-
quelle jésuitique a su infiltrer dans la cervelle des
pauvres d'esprit. »

L'instruction publique était déclarée gratuite,
obligatoire et laïque, au nom de la liberté de conscience.

Au nom de la justice sociale, les bâtards étaient
assimilés aux enfants légitimes, et jouissaient des
mêmes droits.

Au nom du droit de propriété, paraissaient les décrets sur les loyers et sur les échéances.

Au nom de l'égalité, on parlait d'émanciper les
femmes, les futures pétroleuses : « l'arbre de la
liberté, écrivait la commission exécutive de leur
comité central, croît arrosé par le sang de ses ennemis (1). »

Au nom du droit, on assassinait les otages!

Et comme pour associer tous les peuples dans la
même complicité, on décrétait ces réalités barbares
au nom d'une utopie : la République universelle.

Nous examinerons ces actes et ces tentatives, en
recherchant, pour les mieux apprécier, leur filiation
dans l'histoire.

L'expérience des sociétés et des peuples est faite
de ces rudes épreuves, douloureusement traversées,
et seulement condamnables par ceux qui s'efforcent
d'en prévenir le retour. Il ne suffit pas de protester
contre les crimes de la Commune, de condamner les

____

(1) Manifeste du comité central de l'Union des femmes. —
Journal Officiel du 8 mai 1871.

auteurs, d'honorer les victimes : ces légitimes satis-
factions de la conscience publique sont le premier
devoir d'un peuple civilisé. Ce qu'il faut encore,
c'est protéger l'avenir contre de semblables hontes,
rassurer pleinement les esprits et les intérêts, et
éclairer enfin le peuple sur la limite de ses droits
et sur l'étendue de ses devoirs.

LA COMMUNE DE PARIS

Depuis 1848, Paris ne put obtenir d'aucun gouvernement l'élection d'une assemblée communale ; cette revendication, qui avait été si souvent formulée par le parti libéral pendant la durée de l'Empire, devint, sous le gouvernement du 4 septembre, le mot d'ordre du parti radical, notamment aux émeutes du 8 octobre, du 31 octobre et du 22 janvier : aussi ce fut la première affirmation de l'insurrection victorieuse. Il faut reconnaître, qu'au début, la résolution du Comité central ne fut pas généralement blâmée ; elle flattait le civisme parisien, et cette population, lassée d'un siége de cinq mois pendant lequel elle avait vraiment et inutilement souffert, et surexcitée par les appréhensions que l'Assemblée de Bordeaux ne cherchait nullement à calmer, voyait tomber enfin avec joie les hommes de Septembre, qu'elle avait acceptés un moment, et qui ne lui avaient apporté, après d'éloquentes bravades, que les plus dures humiliations. Il y avait dans cette foule bien des espérances brisées ; on peut accuser l'aveuglement de ce patriotisme, mais il était réel, il était ardent, il tressaillait à chacun de nos désastres, et s'il trouvait souvent des gens habiles à l'exploiter, comme le 31 octobre, à la nouvelle de la capitulation de Metz, et le 22 janvier, après la désastreuse sortie de Buzenval, c'est qu'il cherchait partout des hommes capables de le satisfaire.

Paris avait compté sur la France, vainement; il ne compta plus avec elle; c'eût été d'ailleurs un fait nouveau, la France ayant toujours ratifié docilement les révolutions de Paris; 1871 est la première résistance.

Le premier programme du Comité central sauvegardait les droits de Paris sans avoir rien de menaçant, il déclarait que la révolution n'avait qu'un *caractère essentiellement municipal*(1). Le comité ne se considérait que comme « chargé d'organiser la manifestation définitive de la volonté populaire, c'est-à-dire l'élection libre d'une assemblée qui représente, non pas seulement les idées, *mais aussi les intérêts de la population parisienne* (2). »

Cette dernière phrase, due à Vaillant, membre de l'Internationale, et signée par lui, annonçait quelque chose de plus que les premiers manifestes du Comité central (3), l'action prochaine de l'Internationale; les élections du lendemain, 26 mars, amenèrent en effet à la commune les membres les plus actifs de cette association.

(1) Lettre du délégué aux relations extérieures au commandant des armées prussiennes.
(2) Circulaire du 25 mars.
(3) Dans les proclamations du 21 au 21 mars, il n'est question que de l'élection des officiers de la garde nationale, et des membres de la municipalité.

La limite du droit était déjà dépassée; la France et l'Assemblée eussent peut-être pu accepter dans Paris un pouvoir municipal, librement élu, quoiqu'en dehors d'elles, et se renfermant strictement dans ses attributions communales; mais qui eût pu tolérer, au mépris de toutes les lois, cette scission violente d'une grande capitale, qui, moins que toute autre ville, peut se vanter de s'appartenir, puisque sa gloire et sa grandeur sont faites des grandeurs et des gloires de la France entière?

« L'affranchissement de la commune de Paris, disait le doyen d'âge à la séance d'ouverture, est l'affranchissement de toutes les communes de la République (1). Grêlier avait déjà dit que le conseil communal « aurait à traiter des rapports de la cité avec le gouvernement central, de façon à assurer et garantir l'indépendance et l'autonomie de la commune (2), » programme qui ne tendait à rien moins qu'au morcellement de la France en une multitude de souverainetés, sans autre unité qu'un fantôme de gouvernement central. Ce n'était plus seulement à l'affranchissement communal que Paris faisait appel; il ressaisissait le drapeau rouge (3), prêchait la haine des classes (4), déclarait la guerre sociale (5); en face de l'ennemi, tout prêt à profiter

(1) *Journal Officiel* de la commune, du 2 avril.
(2) Proclamation du 25 mars, des délégués à l'intérieur.
(3) Proclamation de la commission exécutive du 7 avril.
(4) Proclamation de la commission exécutive, du 2 avril : « Les conspirateurs royalistes ont attaqué ce matin; les Chouans de Charette, les Vendéens de Cathelineau, les Bretons de Trochu, flanqués des gendarmes de Valentin, ont engagé la guerre civile. »
(5) Proclamation du 19 avril : « C'est la fin du vieux monde gouvernemental... » *déja cité.*

de nouveaux désastres, Paris osait provoquer la France à une révolution, qui ne pouvait qu'aggraver ses maux (1).

Etait-ce donc là un mouvement *essentiellement communal?* La France, dont la voix était méconnue, dont la sécurité, à peine retrouvée, et à quel prix, était de nouveau compromise, avait le devoir d'intervenir.

Le pouvoir, élu à Paris le 26 mars, avait dès le premier jour outrepassé son mandat.

Les souvenirs de l'histoire étaient bien faits pour inspirer aux membres de la Commune l'audace et la présomption dont ils ont fait preuve : aussi ces hommes, pour qui le mot de réactionnaire est une insulte, se rattachèrent-ils au passé, empruntant à 93 ses idées, ses moyens, son vocabulaire. Ils succombèrent, et ce fut justice, comme avaient succombé avant eux tous ceux pour qui la révolution est œuvre de violence, de vengeance et d'ambition, comme Etienne Marcel, comme Hébert, Chaumette, et Robespierre, leurs modèles.

Le nom de la *commune de Paris* est lié dans l'histoire aux souvenirs de tous nos malheurs.

Sous l'ancienne monarchie, Paris ne fut jamais *commune*, au sens exact du mot. Aussi loin que va la certitude historique, elle montre Paris doté de larges libertés municipales, dont l'origine, attribuée quelquefois aux Romains (2), se rattache plutôt aux

---

(1) Proclamations aux départements des 6 et 19 avril.

(2) *Belleforest* : « Qui avisera de près la forme de police fondée en ce corps de ville de Paris, il verra que la gravité romaine y reluit encore, et qu'il semble que ce soient les anciens bourgeois de la Gaule, lesquels, policés par les Romains, en ont gardé, jusqu'à cette heure, l'ordonnance et la coutume. »

vieux priviléges accordés aux *marchands de l'eau*.
Le P. Dubreul croit que ces marchands avaient un
tribunal de police communale dès le temps de Chil-
debert; la *Maison des Marchands*, comme on l'appelait, fut donc la première gardienne des franchises
de la cité, et ses attributions passèrent successivement au *Parloir aux Bourgeois* et à *l'Hôtel de-
ville* (1).

En ces temps, et pendant les longs siècles de la
monarchie, le premier magistrat de Paris fut toujours le magistrat populaire, élu tous les deux ans,
à trois degrés, par les électeurs de quartiers, et
connu depuis 1220, en raison de son origine, sous
le titre de *Prévôt des marchands*. C'est à lui que
se plaignait, comme à son meilleur conseiller et à
son plus sûr interprète, le pauvre peuple, opprimé
par les charges, par les trafics honteux auxquels
donnaient lieu les perpétuelles altérations des monnaies; c'est lui qui se faisait auprès des Rois l'a-
vocat de la misère, et qui triomphait plutôt encore
par l'énergie de ses plaintes que par la justice de
son droit.

Les rois le craignaient, de là l'honoraient, et
lorsqu'ils faisaient leur entrée dans « leur bonne
ville », c'était le prévôt des marchands qui les recevait et les haranguait (2). Dans toutes les cérémonies, le corps de ville, élu, avait le pas sur les officiers du roi, même sur les maréchaux de France(3).

(1) Voir les *Dissertations sur l'Hôtel-de-ville*, Hist. de Paris
de Dom Félibien.
(2) Entrées d'Henry II, 1549, d'Henry IV, 1594, de Louis
XIV, 1613.
(3) Retour de Louis XIII à Paris, le 10 janvier 1623. — Le

Les émeutes, fréquentes, trouvaient toujours un point d'appui ou un secours dans la connivence ou l'intervention de l'hôtel de ville et, sans avoir le titre officiel de commune, Paris suivait avec intérêt les mouvements d'indépendance qui agitèrent les riches bourgeoisies des villes à partir de Louis-le-Gros.

Avec une telle disposition d'esprit, il suffisait, aux heures critiques, qu'un homme actif et ambitieux se plaçât à la tête des mécontents, pour donner à ces « effrois » passagers une importance et une force redoutables.

Étienne Marcel fut un de ces hommes : son caractère, le but de son entreprise ont été diversement jugés ; on a voulu voir en lui un réformateur, un précurseur des libertés futures (1); malheureusement pour sa mémoire, il eut du factieux vulgaire la haine furieuse, et l'audace désordonnée des plus coupables moyens (2).

La défaite de Poitiers venait de livrer à l'Angleterre le roi Jean, presque la France, selon les conditions onéreuses du traité inévitable (1356). Le peuple, sur qui retombait en définitive le poids le plus lourd des malheurs publics, était soulevé contre une partie de la noblesse qui, en fuyant du champ de bataille, n'avait sauvé ni le roi ni son honneur ; aussi aux États généraux, convoqués en hâte par le dauphin, le tiers-état fit-il entendre de dures

roi décide qu'il n'y aura personne entre lui et les officiers de ville, à son entrée.

(1) M. Quicherat, *Plutarque français*. — M. Perrens, *Étienne Marcel*.

(2) Naudet — *Conjuration d'Étienne Marcel*.

paroles ; « or vous dy, remarque Froissart (1), que
les nobles et les prélats commencèrent à ennuyer de
l'emprise et ordonnance des trois Etats ; si en lais-
soient le Prévot des Marchans convenir, et aucuns
des bourgeois de Paris ; pour ce qu'ils s'entremet-
toient plus avant qu'ils ne vousissent..... »

Ce prévôt était Marcel, élu par le Tiers, aux États-
Généraux, pour le représenter ; sa plus grande force
était dans le peuple de Paris, dont il savait exciter,
dans des réunions, le patriotisme et l'énergie ; aux
Halles, à Saint-Jacques de l'Hôpital, devant un au-
ditoire si impressionnable, surtout en un pareil
temps, il accusait hautement le dauphin et ses conseillers de « négliger le faict des besongnes du
royaume » (2) ; son influence devint si grande que
le dauphin résolut de se rendre lui-même le 11 janvier 1358 à l'assemblée populaire provoquée par
Marcel, devant Saint-Jacques, et de s'y défendre.

Il y vint en effet, et fit parler en son nom Jean
de Dormans, son chancelier de Normandie ; mais
il perdit tout le fruit de cette courageuse démarche,
en partant au moment où l'avocat de Marcel, l'é-
chevin Toussac, prit la parole pour lui répondre.

Les acclamations du peuple donnèrent raison au
prévôt, et bientôt l'assassinat de Baillet, trésorier
du dauphin, par Perrin Marc, qui lui réclamait vainement le prix des chevaux vendus au duc Charles,
fut le début sanglant des excès populaires.

Charles et ses conseillers résolurent de faire un
exemple, et pour s'emparer de l'assassin ne craigni-

(1) *Chroniques*, I, CLXXXIX.
(2) Froissart — id., ibid.

rent pas de violer le droit d'asile de l'église Saint-Merry ; l'Université protesta en vain ; il était difficile aux États-Généraux, réunis le 12 février, au milieu de ces déplorables circonstances, d'arriver à une œuvre de conciliation ; le peuple de Paris ne le voulait pas, et le 22 février, après la mystérieuse réunion des métiers à Saint-Éloy, trois mille hommes armés envahirent le Palais, ayant Marcel à leur tête ; Marcel fit à Charles d'aigres reproches, et se tournant vers ses amis : « Faites ce que vous êtes venu faire ici. » A ce signal, deux conseillers du dauphin tombèrent sous leurs coups ; le sang rejaillit sur le pourpoint du régent, que Marcel prit sous sa protection, en le coiffant du chaperon rouge et bleu, qui était le signe de ralliement du parti populaire, moins funeste encore à la tête des rois que le bonnet rouge du 20 juin 92.

Étienne Marcel triomphait, mais le dauphin réussit à s'échapper, et réunit à Provins une assemblée, dont les premiers actes menacèrent le tout-puissant prévôt ; celui-ci n'hésite plus, il s'empare du Louvre, dont il conduit les canons à l'Hôtel-de-Ville (1), fortifie la capitale, et le 11 juillet, adresse aux bonnes villes une lettre de justification, prétendant que le dauphin avait voulu l'assassiner et soulever le peuple.

Les procédés révolutionnaires changent peu, on le voit, et *l'appel adressé aux départements*, le 20 mars, par la Commune de 1871, rappelle singulièrement la lettre d'Étienne Marcel.

Le dauphin mit le siége devant Paris et ne vou-

(1) Trésor des chartes, reg. 89.

lut parler de paix qu'à la condition qu'on lui livre-
rait « cinq ou six des plus capables de l'affaire faite
à Paris (1). » En vain Marcel ranima-t-il la haine
populaire, en faisant détruire et brûler par l'orfèvre
Pierre des Barres et l'épicier Gilles, ses officiers,
les châteaux et hôtels des nobles situés autour de
Paris (2); en vain excita-t-il contre les riches la révolte sanglante des Jacques (3), il fut tué, au moment
où, par une dernière ressource, et la plus odieuse, il
ouvrait à l'étranger, aux Anglais, les portes de
Paris. Sa mort délivra Paris, « le prévôt des marchans avait si tiré à luy toutes manières de gens,
que nul ne l'osait dédire, s'il ne se voulait faire
tuer sans mercy. »

Ainsi finit ce premier essai de Commune parisienne, qui n'eut jamais la confiance même de
ceux qui devaient le plus en profiter; « le roy de
Navarre qui veoit les variements entre ceux de
Paris et le Duc, si pensait et supposait que cette
chose ne se pouvait longuement tenir en tel estat; et
n'avoit mie trop grand'fiance à la Communauté de
Paris (4). »

Quels étaient les desseins de Marcel ? on ne
saurait le dire; au début de l'insurrection, le
peuple de Paris, comptant sur le secours des provinces dont quelques villes, Amiens, Laon, avaient
accepté le chaperon mi-partie rouge et bleu (5),
disait « qu'il ferait bien voir ce que pouvait la
ferme volonté des communes réunies »; l'appui

(1) Achery. *Spicilegium* III, 117.
(2) Archives nationales. *Parlement* X, 14.
(3) Ms. Bibl. nat. Suppl. français — N. 530.
(4) Froissart I, 193 et seq.
(5) *Chron. de S* Denis*, fol. 178.

des communes de Flandres, que le prévôt cherchait
à se ménager par sa lettre du 11 juillet, a laissé croire
qu'il avait en vue une confédération analogue des
communes françaises ; ces assertions manquent de
preuves décisives ; parvenu au pouvoir par son audace, Marcel ne put contenir le flot révolutionnaire
qu'il avait soulevé, et qui, après l'avoir poussé de
violence en violence, finit par l'engloutir.

Ce terrible nom de *Commune* fut souvent relevé
depuis ; quelques années après, Froissart constate
avec crainte quel progrès ont fait les idées de libertés municipales : (1) « or, regardez la grand'diable-
rie qui se commençait à élever en France ; et tous
prenoient pié et ordonnance sur les Gandois, et
disoient les Communautez adonc, par tout le monde,
qu'iceux Gandois estoient bonnes gens, et que vail-
lamment ils soutenoient leurs franchises, dont ils
devoient de toutes gens estre aimez, prisez et ho-
norez. »

Les « émotions de sa bonne ville » méconten-
taient Charles VI, qui lui en gardait rancune ;
en 1382, les communes, dit Froissart, ayant pris
les armes, et ayant tué « ceux qui avoient assis les
gabelles et les débitements », la paix fut rétablie,
moyennant finances, et sur la promesse que le roi
reviendrait à Paris ; « mais le roy ne venait point,
dont ceux de Paris étaient courroucez. »

Charles préparait en ce moment sa victorieuse
expédition contre les communes de Flandres (1382),
dont les succès éphémères avaient fort réjoui les Parisiens (2) ; les paysans révoltés d'Angleterre cor-

(1) *Chroniques,* II, 128.
(2) Froissart, p. 185.

respondaient avec le peuple de Paris, et le Moine
de Saint-Denis se trouvant à la Cour de Richard II,
et témoignant son horreur pour les massacres commis par les paysans, quelqu'un lui dit qu'il arrive-
rait bientôt en France des révolutions encore plus
étranges (1) ; une lettre du peuple de Paris, écrite
aux Flamands pour faire alliance avec eux, fut
trouvée à Courtray (2) : ce ne fut donc pas seulement
contre les communes de Flandres que Charles VI
gagna la bataille de Rosbecque, mais aussi contre
les révoltés d'Angleterre et contre les Parisiens.
Froissart atteste que ces derniers furent consternés
de la victoire de Rosbecque; aussi, comme le roi
revenait, résolurent-ils de lui montrer leur force;
plus de 30 000 hommes armés sortirent au-devant
de lui, dans la plaine de Saint-Denis.

Le roi comprit que sa victoire était incomplète et
qu'il fallait en finir ; le désarmement de la milice
fut la condition qu'il mit à son entrée ; les armes
furent remises, et Charles entra dans Paris en fou-
lant sous les pieds de son cheval les portes renver-
sées ; quelques jours après, une ordonnance royale
supprimait la prévôté des marchands, abolissait les
maîtrises et communautés de métiers avec défense
de faire aucune assemblée, supprimait la garde
bourgeoise, interdisait toute assemblée, cassait le
corps de ville et remettait toute l'autorité entre les
mains du Prévôt royal, installé à l'Hôtel-de-ville
devenue la *Maison de la Prévôté de Paris* (3).

Cette suppression de toute autorité populaire ne

(1) Moine de S¹ Denis, p. 65.
(2) Juvénal des Ursins, p. 32.
(3) Ordon. du 27 janvier 1382 — VI, 685.

dura pas longtemps ; l'embarras pour le seul prévôt de Paris de s'occuper de toutes les affaires fut, dès 1388, le prétexte de la réinstallation d'un prévôt des marchands, avec cette seule restriction qu'au lieu d'exercer sa charge au nom de la bourgeoisie, *le prévôt des marchands pour le roi* l'exercerait désormais au nom de la couronne (1).

Cet acte de concession royale porta ses fruits et Paris, au milieu des luttes de ce malheureux règne, sentit si peu l'absence des anciennes libertés, que, lorsqu'en 1409, Jean-sans-Peur, maître de la capitale et jaloux de l'attacher à son parti, lui restitua ses priviléges et son prévôt des marchands, les bourgeois refusèrent les armes qu'il leur offrait, peu soucieux d'ailleurs de devenir les soldats du duc de Bourgogne. Ce n'était qu'après la destruction de la démagogie cabochienne et la fin des luttes sanglantes des Armagnacs et des Bourguignons, que l'esprit politique pouvait se réveiller ; les bourgeois de Paris étaient fatigués de séditions (2), toute assemblée « à corps, ne a nopces, ne en quelque manière » était interdite, sans la permission des prévôts de Paris, au point « qu'en ce temps, avoit, quand on faisoit nopces, certains commissaires et sergents aux despens de l'espousé, pour garder que homme ne murmurast de rien. » (3)

Les malheurs de la France, déjà épuisée par les guerres civiles et livrée aux Anglais, ne laissaient place qu'au découragement. Le pauvre roi était mort, Charles VII était loin, au delà de la Loire, et

(1) Juvénal des Ursins, p. 69.
(2) Le Labourcur, XXXIII, 3. an 1413.
(3) Journal d'un bourgeois de Paris, an. 1416.

les échos de Saint-Denis avaient répété le cri funeste : Vive Henry de Lancastre, roi de France et d'Angleterre ! Le duc de Bedfort avait exigé des bourgeois le serment de fidélité ; le peuple était misérable, « mal gouverné par la malle et convoiteuse voulenté des gros, qui toujours estoient avec les seigneurs, et n'avoient nulle pitié du pauvre peuple, qui tant avoit de pouvreté » (1). Le seul patriotisme le soutenait encore ; les partisans du roi d'Angleterre eurent quelquefois grand'peine à empêcher les Parisiens de se révolter en faveur de Charles VII, et quand Jeanne d'Arc eut rappelé la victoire sous l'oriflamme de la France, et que le roi marcha contre Paris, il espéra le succès « par commotion du peuple, plus que par puissance ou force d'armes » (2).

Un long repos suivit ces terribles agitations. La centralisation entreprise par Louis XI, au profit du pouvoir royal, avait affaibli les diverses influences locales ; les préoccupations de la politique extérieure de Louis XII et de François Ier, les guerres religieuses de Henry II et de Charles IX avaient bouleversé les partis. Le commerce d'ailleurs s'était développé, de nouvelles industries appelaient l'activité populaire, et dans cette capitale embellie par les arts et curieusement attentive aux premiers efforts de la Renaissance, les problèmes politiques avaient beaucoup perdu de leur opportunité ; le progrès matériel, dont les bienfaits sont le mieux sentis, avait jeté, sur les questions spéculatives, assez d'indifférence : l'esprit populaire n'était guère resté vul-

(1) Journ. d'un bourgeois de Paris, an 1423.
(2) Reg. Parlement 8 sept. 1429.

nérable que sur un point : le sentiment religieux.

Le peuple ne comprit jamais la Réforme, et il la repoussa toujours ; il s'irritait des concessions que les nécessités politiques arrachaient, assez facilement du reste, à l'incertaine et sceptique Catherine de Médicis. La foi, faite de résignation et d'espérance, est le premier besoin de ceux qui souffrent, et pour eux surtout ne se discute pas.

Ce fut à Paris, et à l'ombre même de l'Hôtel-de-Ville, que la *Sainte Ligue* commença à se nouer. Pierre Bruère et Mathias son fils, lieutenant du prévôt de Paris, en furent les premiers instigateurs, et un autre bourgeois de Paris, Charles Hotman, eut l'idée de tirer de la Ligue une sorte de comité directeur, sous le nom de *conseil des Seize* (1). Ce conseil, formé d'un certain nombre de chefs, s'était partagé les seize quartiers de Paris, d'où son nom ; et, tandis que le roi Henry III, fidèle à son sang italien, suivait entre ses mignons les processions et les mascarades, et temporisait avec les réformés de jour en jour plus hardis, le pouvoir occulte des Seize, fortement assis dans la bourgeoisie parisienne, ne se préparait à rien moins qu'à enlever et à enfermer le roi. Le secret du complot fut livré, et les Seize appelèrent à leur secours le vaillant duc de Guise, le chef reconnu du parti catholique. Henry de Lorraine vint à Paris, malgré le roi, et reçut du peuple un accueil enthousiaste ; la cour s'effraya ; 4000 Suisses ayant été appelés au Louvre, le peuple couvrit Paris de barricades, le jeudi 12 mai 1588 ; les troupes royales, vigoureusement chargées

____

(1) *Mémoire sur la Satire Ménippée ;* p. 411.

par les bourgeois, se replièrent sur tous les points, et le soir le duc de Guise était maître de la ville ; quels que fussent ses projets, Henry III les redouta ; dès le lendemain, il réussit à s'échapper, et se réfugia à Chartres.

Guise voulut assurer sa victoire ; une nouvelle municipalité fut élue, et les Parisiens écrivirent aux provinces une longue lettre pour justifier leur conduite (1). La lutte ouverte n'entrait pas dans les desseins du roi, et Catherine de Médicis fut chargée de négocier une réconciliation, d'autant plus facile, que Henry III avait déjà pris une résolution ; le 23 décembre, le duc de Guise, venu aux États de Blois, périssait assassiné dans l'antichambre royale.

Ce crime produisit à Paris une immense émotion ; les portes furent fermées, et à l'assemblée de ville, Jean Rolland, premier échevin, excita le peuple à la révolte. Deux jours plus tard, à la nouvelle que le frère du duc de Guise, le cardinal de Lorraine, avait également été tué, les bourgeois s'armèrent, et, dans les églises, les prédicateurs vouèrent Henry de Valois à l'exécration publique, et le désignèrent au poignard vengeur des ligueurs (2).

La Faculté de théologie, consultée, décréta la légitimité de l'insurrection ; le Parlement, qu'on trouvait tiède, fut enfermé à la Bastille, et un nouveau Parlement siégea, sous la présidence de Barnabé Brisson (3).

Le 31 décembre, une assemblée importante se tint

_____

(1) Mém. de la Ligue II, 252 et seq.
(2) *Journal* de Loysel. — *Sermon* de Pigenat, curé de St Nicolas aux champs.
(3) Mém. de Godefroy, p. 250.

2.

à l'Hôtel-de-Ville, pour aviser aux mesures nécessaires ; entre autres résolutions, on décida que « pour
éviter aux tumultes qui pourraient advenir en ladite
ville, par le menu peuple, lequel, demeurant oyseux
et en nécessité, pourrait s'émouvoir et se mutiner, il
fallait subvenir aux frais des gens de guerre qu'il
convient lever pour la manutention de la religion
catholique...... A quoy il convient employer partie
dudit menu peuple, et l'autre partie en des ateliers
publics qu'il convient ouvrir pour travailler aux fortifications et réparations d'icelle ville, et autres
affaires nécessaires d'icelle (1). » Le nouveau Parlement homologua cette délibération.

Le roi voulut réduire Paris par la force et, avec
l'appui des réformés, il investit la capitale : le poignard de Jacques Clément se fit l'instrument des
vengeances de la Ligue. En apprenant l'assassinat
du *tyran*, Paris fit éclater sa joie ; le peuple se para
d'écharpes vertes, à la couleur de la maison de Lorraine, Jacques Clément fut glorifié comme un mar-
tyr, et pour affirmer la volonté de résister à outrance
au roi de Navarre, qui poursuivait le siége, on proclama le vieux cardinal de Bourbon roi de France,
sous le nom de Charles X, avec le duc de Mayenne
pour lieutenant-général du royaume.

Le siége de Paris, tour à tour repris et abandonné
par le roi de Navarre, fut troublé par des émeutes
intérieures, dues au despotisme des Seize, dont l'autorité ne connaissait plus aucune mesure : ils firent
pendre Barnabé Brisson, pour n'avoir pas condamné,
à leur gré, un procureur accusé de *royalisme*.

____

(1) *Extrait des registres de l'Hotel-de-ville.* Bib. Nat. Pièce.

Mayenne interposa maintes fois son pouvoir; il venait enfin de faire désarmer les bourgeois, et il opposait aux Seize, étroitement surveillés, le parti nouveau des *Politiques*, lorsque l'abjuration de Henry IV amena une pacification générale.

On a pu remarquer que cette dernière entreprise de la municipalité parisienne n'a plus le caractère d'originalité, on dirait presque d'égoïsme, qui distingue les mouvements précédents. Paris ne se soulève plus en effet pour la défense de ses libertés ou la sauvegarde de ses intérêts, Paris prête seulement à une cause générale la force de son bras et le prestige de son nom; et, bien que par une force d'attraction inévitable Paris arrive à absorber et à individualiser en lui la cause qu'il défend, on trouve de moins en moins, dans ces tentatives, la préoccupation des idées municipales et des tendances exclusives qu'on a voulu quelquefois éveiller en lui.

La centralisation monarchique qui ne convient aux peuples que dans la période instinctive de leur unification, avait identifié les intérêts de Paris avec les intérêts de la France : désormais Paris ne sera plus qu'une force, souvent aveugle, facilement redoutable aux mains des habiles qui sauront la saisir et la diriger; mais, de quelque nom qu'on le flatte, de quelque promesse qu'on le berce, il ne sera le plus souvent que l'instrument et la victime d'un parti.

C'est sur Paris d'abord que compteront les mécontents de tous les régimes, les ambitieux de tous les états; ils s'efforceront avant tout d'intéresser à leur cause ce peuple ardent et mobile, toujours prêt à écouter ceux qui parlent de le soulager.

La complicité de Paris fit, seule, le danger de la Fronde et le succès de la Terreur.

La vieille indépendance de la noblesse et des Parlements, courbée sous l'inflexible main de Richelieu, n'avait tenté de se redresser, à la mort du cardinal, que pour sentir qu'elle avait un nouveau maître, aussi résolu quoique plus souple, aussi absolu quoique plus rusé : à l'implacable volonté du vainqueur de la Rochelle et du dominateur de Louis XIII, succédait l'infatigable persévérance et la dissimulation italienne du favori d'Anne d'Autriche : d'un cardinal à l'autre, il n'y avait que la différence des moyens, dans la poursuite d'un but unique.

L'emprisonnement de deux membres du Parlement, Blanc-Mesnil et Broussel, donna aux grands et aux légistes l'occasion d'attaquer Mazarin (26 août 1648) ; le peuple excité prit les armes, et dressa des barricades ; on voyait des poignards aux mains des enfants (1), les jeunes seigneurs, les femmes les plus belles et les plus illustres, se jetaient étourdiment dans la Fronde, dont la mode avait consacré le suprême bon ton.

Mazarin céda, et fit mettre les conseillers en liberté ; mais une fois le tumulte apaisé, il emmena le roi à Saint-Germain ; de nombreuses députations parisiennes sollicitèrent le retour du roi à Paris, et parvinrent à l'y ramener à la fin d'octobre ; mais les dissentiments entre Mazarin et les mécontents s'accentuaient toujours davantage, et, le 6 janvier 1649, la cour abandonnait de nouveau la capitale.

(1) Joly — *Mémoires* 1, 35.

Dans la lettre adressée aux officiers municipaux pour expliquer son départ, le jeune roi accusait le Parlement de complot contre sa personne; le Parlement répondit par un arrêt de bannissement contre Mazarin; puis il s'occupa de mettre la ville en état de défense, et vit accourir bientôt autour de lui les princes mécontents, à qui le coadjuteur, que la vivacité de son esprit semblait appeler à un premier rôle dans cette émeute de gens d'épée et de gens de loi, faisait les honneurs de la capitale révoltée. Il était impossible au Parlement de contenter les princes accourus à son service : il leur permit de se partager à leur gré les commandements (1); les bourgeois prirent les armes, fiers de servir sous ces hauts seigneurs qui enviaient la popularité du *roi des halles*, et satisfaits de former, comme on disait au parloir des Haudriettes, « une sorte de république lutécienne, » de prendre part aux affaires publiques et de recevoir des envoyés, comme le vieux Sénat de Rome (2).

L'Hôtel-de-Ville veillait à tout; il décrétait les taxes, pourvoyait aux subsistances, et occupait le menu peuple, toujours gênant au début contenu des révolutions, à des travaux de terrassement et de défense qu'adoucissaient des distributions gratuites de vivres, sous le paternel contrôle des officiers de quartiers.

Le lever des révolutions a toujours une aurore de tendresse et de fraternité; mais les passions n'abdiquent jamais, et ces radieux matins ont des soirs d'orage.

(1) *Journal du Parlement*, p. 123.
(2) Capefigue. — *Richelieu, Mazarin et la Fronde*, II, 7.

La division ne tarda pas à se mettre au milieu d'intérêts si opposés; les princes dédaignaient le Parlement; le Parlement se défiait de tous, des princes, du coadjuteur et des bourgeois, dont les assemblées étaient déclarées illégales, et qu'il accusait de vouloir créer une *Chambre des Communes* (1); le menu peuple, qui n'avait rien à perdre, et qu'on flattait fort, conserva le mieux l'enthousiasme de l'émeute; les bourgeois, dont l'égoïsme refroidit vite le zèle, commençaient à dire : à quoi bon? La municipalité était dominée par les quarteniers, élus par le peuple; on proposait, contre des troubles populaires devenus probables, une sorte de dictature militaire (2); les mesures vexatoires, telles que la défense de quitter la ville, la nécessité de passe-ports délivrés par la municipalité, provoquaient maladroitement les gens paisibles, qui ne voient souvent dans les révolutions qu'une distraction politique, un peu plus attachante que les autres; les tribuns populaires, qui péroraient sur les bornes, avaient de dangereuses hardiesses (3); au dehors, les affaires prenaient mauvaise tournure; le cardinal pouvait couper les vivres à Paris, qui souffrait déjà de la famine, et l'on se rappelait ce qui avait été dit sous le dernier règne : « si ces badauds de Paris pensent faire les entendus, ce sera assez d'empêcher l'arrivée du pain de Gonesse et du beurre de Vannes (4). »

(1) Sainte-Aulaire. — *Histoire de la Fronde*, 1, 9.

(2) Nomination d'un major des troupes parisiennes. — *Registres de l'Hôtel-de-ville*, 18 janvier 1649.

(3) Collect. d'Estampes. *Bibl. nat.* ad. an. 1649.

(4) Paroles du P. Joseph. — *Catholicon français ou Colloque entre trois châteaux, Vincennes, la Bastille et Bicêtre.*

Le peuple murmurait à son tour : le travail avait cessé, la misère lui dictait de sinistres paroles : « Ne le dissimulons plus, les grands se jouent de notre patience (1). » On demandait une conspiration générale des communes : « sortons de nos gîtes, de nos tanières; quittons nos foyers, faisons voltiger nos vieux drapeaux; battons nos caisses, alarmons tous les quartiers, tendons nos chaînes, finissons nos maux; rétablissons nos lois, renouvelons les barricades, mettons nos épées au vent; tuons, saccageons, brisons, sacrifions à notre juste vengeance tout ce qui ne se croisera point pour marquer le véritable parti du roi et de la liberté (2). »

Il y avait à craindre pour tous dans ce nouveau péril : « Après avoir remarqué lequel des deux partis nous sommes en dessein de renforcer par un soulèvement général, faisons carnage de l'autre, sans respecter ni les grands ni les petits, ni les jeunes ni les vieux, ni les mâles ni les femelles, afin que même il n'en reste pas un seul pour en conserver le nom !(3) » Pris entre le roi et la populace, Paris se rendit au roi ; l'Hôtel-de-Ville et Molé, le garde des sceaux, acceptaient une transaction ; la cour autorisait les bourgeois à s'armer contre la multitude ; Mazarin dirigea les conférences de Reuil et de Saint-Germain, et signa une paix, qui, sous des concessions apparentes, maintenait intactes l'autorité royale et la puissance du cardinal.

Le parti des princes, vaincu à Paris, essaya de soulever les provinces (1650), toujours « au nom du

(1) *Le Point de l'Ovale*, libelle de Bosq-Montandré.
(2) Id.
(3) Id.

parlement et du peuple de Paris. » La reine fit arrêter et conduire à Vincennes les princes de Condé et de Conti et le duc de Longueville, qu'un de ces revirements étranges qu'éprouvent les âmes de femme, amenait quelques mois plus tard à la place de Mazarin exilé. Le départ du cardinal fut le signal des luttes entre les princes : ce parti brillant, hardi dans l'attaque, n'avait ni la sagesse ni le talent qui profitent des victoires ; en s'éloignant pour un temps, Mazarin mettait habilement en scène leur présomptueuse incapacité.

Cette seconde partie de la Fronde, dans laquelle il n'y a, selon le mot de Patru, qu'à « brousser à l'aveugle, » et qui commence au retour de Mazarin, ne fut qu'une succession d'intrigues et une lutte d'ambitions personnelles, au milieu desquelles l'Hôtel-de-Ville, sinon la populace, joua un rôle de plus en plus effacé : après avoir épuisé tous les partis, énervé tous les caractères, la Fronde amena noblesse, parlement et peuple, fatigués, découragés, aux pieds de Louis XIV, qui allait substituer les réalités enivrantes de la gloire aux rêves de la liberté. L'éblouissement dura plus d'un siècle : l'ironie philosophique du xviiie siècle déchira, la première, le voile de grandeur et montra nue au peuple inquiet, oublié, l'idole royale à la couronne d'or, mais aux pieds d'argile ; le peuple la renversa sur les débris d'une crosse et d'une épée qui l'avaient étayée jusqu'à la nuit du 4 août : à partir de ce moment la révolution ne fut plus chez le peuple que le vertige de la victoire ; moins différée, elle eût été moins terrible : en face des mêmes abus, elle était en retard d'un siècle et demi sur l'Angleterre.

La révolution française, la révolution nécessaire, véritable, admirable de justice et d'humanité, commence à l'ouverture des États-généraux, le 5 mai 1789, et finit au 20 juin 1792, à l'abdication du parti constitutionnel et national, en face du pouvoir insurrectionnel de la commune de Paris.

A partir de ce moment, Paris mène la France, la Législative et la Convention, on sait où.

Aucune histoire de la Révolution ne signale peut-être suffisamment le rôle prédominant de la Commune; son influence funeste éclate à chaque page dans les annales de ces sombres jours, et explique seule tant d'incertitudes, tant de complots et tant de crimes; il est juste d'ajouter que cette commune paraît devoir être, pour longtemps encore, l'objectif poursuivi des révolutions.

Les réformes politiques et municipales entreprises par la Constituante avaient enflammé les esprits, surtout à Paris, foyer d'où rayonnait la lumière nouvelle, d'un ardent patriotisme et de l'amour de la liberté, qui malheureusement, dit M. Mignet, « est un peu, en France, le goût du pouvoir (1). » Dans les districts « tout le monde usait ses poumons pour être président ou secrétaire, et chacun se disputait et tirait à soi la chaise curule (2). »

Dès les débuts de la révolution, les électeurs parisiens avaient pris, sous le titre de *comité permanent*, l'administration municipale; l'opposition des districts renversa, le 25 juillet, ce pouvoir que l'élection populaire n'avait pas consacré; mais bien-

(1) *Révol. franç.* I, chap. 2.
(2) Journal de Camille Desmoulins.

tôt « la mésintelligence qui régna dans les districts , la contradiction de leurs principes, offrirent le spectacle d'une épouvantable anarchie : on avait multiplié les comités pour partager l'autorité sans la perdre; l'amour du pouvoir avait pris la place de l'amour de la patrie (1). »

« Si quelque chose pouvait faire regretter l'ancienne police, la police à mouchards, à lettres de cachets, à bastille, ce serait le régime violent et anarchique des districts (2). » Ces plaintes présageaient et appelaient une transformation municipale; à la fin d'août, les districts élurent une *assemblée générale* de trois cents membres, dont soixante formèrent le *conseil de ville* chargé de l'administration; le maire était élu pour deux ans. Cette nouvelle commune, visiblement sous l'influence du maire Bailly et de Lafayette, chef de la garde nationale, essaya de dominer la situation difficile qui attendait à Paris toute autorité légale, en face des violences et des prétentions incessantes de la multitude. Elle osa condamner les troubles du Palais-Royal à l'occasion du veto (fin d'août 89), et ne put s'opposer, malgré ses lenteurs calculées (la délibération dura huit heures) au départ des femmes pour Versailles, le 5 octobre, mouvement qui allait mettre définitivement entre ses mains le roi et l'assemblée, c'est-à-dire la révolution.

A partir de ce moment, son action se précipite ;

____

(1) Journal de Prudhomme. Révolutions de Paris — 13 août 1789.

(2) Journal de Prudhomme — 23 août. Loustalot qui signe Prudhomme était révolutionnaire convaincu. Son journal eut deux cent mille souscripteurs.

le 21 octobre, elle crée le *comité des recherches*, que Loustalot appelle une « inquisition civile », qui reçoit les dénonciations, s'assure des personnes dénoncées (1), et elle soumet à l'assemblée nationale un plan de municipalité. L'assemblée avait promis un règlement particulier pour Paris, et la commune s'était empressée de prendre le droit de se municipaliser; son plan, qui laissait beaucoup trop de marge à l'initiative municipale, déplut au public et à l'assemblée. « Le plan municipal proposé est essentiellement vicieux et contraire à la liberté. Au lieu d'être à la merci de cinq ou six ministres, nous serons à la merci de deux à trois cents personnes. Les ministres prenaient à poignée dans nos poches, les municipaux y prendront à pincée... Ce n'était pas la peine de prendre la Bastille, de suspendre le commerce et les affaires, pour changer de fers, pour substituer l'aristocratie municipale au régime ministériel (2). »

Devant le rejet du plan municipal par l'assemée constituante, la commune donna sa démission (avril 90), et un décret de l'assemblée partagea Paris en 48 sections et organisa une Commune formée d'un maire et de seize administrateurs, qui composaient le *bureau;* de trente-deux conseillers, ou *conseil municipal;* et de quatre-vingt-seize notables, qui, réunis aux autres, complétaient le *conseil général.* Le maire était élu par les sections; la Commune avait en outre un procureur général et des substituts, dont l'autorité ne tarda pas à devenir directrice.

<hr>

(1) Journal du 8 au 11 novembre.
(2) Journal... du 27 février au 6 mars 1790.

Les événements qui suivirent la fuite du roi (20 juin 1791) révélèrent à la Commune toute sa puissance. Le peuple voulut arracher à l'assemblée la déchéance du roi, et le décret ayant trompé son attente, il menaça d'attaquer les Tuileries ; la Constituante ordonna à la municipalité « de réprimer le désordre. » La garde nationale occupa immédiatement les rues, et pour arrêter la manifestation clubiste qui se faisait au champ de Mars, autour de la pétition de déchéance, la Commune proclama la loi martiale, et se dirigea avec le drapeau rouge vers l'autel de la patrie. On la reçut à coups de pierres, la garde nationale fit feu : « à partir de ce jour, Bailly, Lafayette et leurs complices ne furent plus que des *assassins* » (1) aux yeux des sections.

Aux élections pour l'assemblée législative, Bailly et Lafayette, n'ayant pas été choisis à Paris, donnèrent leur démission, et les sections élurent pour maire de Paris, Pétion, de ce parti de la Gironde, sur qui semblaient reposer alors le sort de la république et l'avenir de la liberté.

Les Girondins poursuivaient en effet l'œuvre révolutionnaire avec une persévérance qui s'irritait des obstacles, et, il faut bien le dire, au milieu des agitations jacobines qu'on devait à tout prix dominer, sous peine d'être débordé par elles, avec plus de loyauté dans les intentions que dans les actes : ils voulaient briser la royauté par le peuple, et par la commune maîtriser l'assemblée. Danton était substitut du procureur de la commune : c'était la reine qui l'avait poussé à l'Hôtel-de-Ville, en haine de

______

(1) Lavallée. — *Histoire de Paris*. II.

Pétion; « il se trouvait recevoir, pour ainsi dire, des mains du royalisme, les armes dont il devait percer la royauté. La commune de Paris fut dès lors la machine, la pièce d'artillerie dont il joua sans se montrer encore » (1). La Gironde ne prévoyait pas que bientôt cette arme, dont elle attaquait la royauté, la frapperait elle-même à mort.

Si l'envahissement de l'assemblée, le 20 juin, toléré par Vergniaud, fut plutôt l'œuvre de la multitude qu'une manœuvre politique, la responsabilité de l'attentat du 10 août appartient tout entière à la commune, poussée par la Gironde. Le 3 août, Pétion, à la tête de la commune, pénètre à la barre de l'assemblée ; Danton était auprès de lui; « la commune, dit-il, vous dénonce le pouvoir exécutif! » « C'était la grande Commune qui prenait l'avant-garde, qui sommait l'Assemblée de la suivre (2). » Les Girondins voulaient la déchéance, rien de plus; Danton et la Montagne voulaient davantage; des sections annonçaient que si la déchéance n'était pas prononcée, elles feraient appel à l'insurrection; le procureur de la commune et le maire, mandés à l'assemblée, avouaient qu'ils ne pouvaient plus exercer sur le peuple qu'une influence de persuasion.

Leur impuissance les condamne.

La nuit du 10 août vit la chute de la Commune girondine, qui disait vainement au peuple : tu n'iras pas plus loin; un *Conseil provisoire de la commune* devint l'âme de cette insurrection qui renversa la royauté insultée, et imposa aux Girondins une émulation courte, mais horrible, de violence et d'audace,

(1) Michelet. — *Révolution française*, III, 6, 8.
(2) Michelet. *Révolution*. III, 6, 9.

avec les adversaires impitoyables qu'elle leur donna.

« La Commune, dit M. Mignet, voulait dominer Paris, au moyen de Paris, l'assemblée, et au moyen de l'assemblée, la France (1) ». Elle y parvint. A partir du 10 Août jusqu'au 9 Thermidor la révolution française n'est que la succession des défaites de l'Assemblée et de la Convention par la Commune.

Ses premiers actes furent l'incarcération de Louis XVI au Temple, la destruction des emblèmes royaux, et des statues de Henry IV, de Louis XIII, de Louis XIV et de Louis XV. A la nouvelle de la prise de Verdun par les Prussiens, elle excite par des affiches menaçantes le peuple aux massacres des prisons (septembre 92) ; Billaud-Varennes, membre de la commune, promet à chaque assassin 24 livres « pour son travail; » Pétion ne peut se faire entendre; Roland est menacé de mort; la Commune revendique d'ailleurs l'honneur du massacre.

Les Girondins craignirent pour eux-mêmes, et la lutte désespérée commença. Le 25 septembre: « Je crains, dit Lasource, le despotisme de Paris, et je ne veux pas que ceux qui y disposent de l'opinion des hommes qu'ils égarent, dominent la convention nationale et la France entière. Il faut que Paris soit réduit à un quatre-vingt-troisième d'influence; jamais je ne plierai sous son joug (2) ». Robespierre, qui s'appuie sur la Commune afin de perdre les Girondins, essaie de la défendre : « Je vois dans Paris, lui répond Barbaroux, une commune désor-

---

(1) Mignet. *Révolution française*, I, 5.

(2) Ces extraits et ceux qui suivent sont tirés des *Débats de la convention* et des *Affiches de la commune de Paris :* nous ne ferons plus de notes à ce sujet.

ganisatrice, qui envoie des commissaires dans toutes les parties de la république pour commander aux autres communes, qui brave l'assemblée et se met au-dessus des lois : elle écrit à toutes les communes de la république de se coaliser avec elle. » Sur les dénégations de Tallien, Cambon réplique : « Les lois ne sont-elles pas obligatoires pour cette commune comme pour toutes les autres ? Est-elle donc souveraine, cette commune, est-elle donc seule la nation ? »

Et afin de se protéger contre elle, comme ils demandaient pour la Convention une garde formée de citoyens de tous les départements, la Commune venait déclarer à la barre, que ce projet était « odieux en soi » et exiger inutilement de l'assemblée, encore Girondine, qu'elle s'y opposât.

La dissolution de la Commune fut un instant discutée par le parti Girondin; le 26 octobre, Kersaint et Camus la demandent à la tribune de la Convention, et Barrère lui-même, si habile à se mettre toujours du côté du plus fort, avoue, le 4 novembre, « qu'il faut attaquer et abattre le monstre de l'anarchie, dont la tête s'élève au sein de la commune de Paris, et dont les bras s'étendent sur toute la cité. »

A l'instigation du parti, les départements s'émeuvent; à la séance du 5 janvier 1793, la Convention reçoit une adresse de la Haute-Loire, qui engage les autres départements à résister à la domination de Paris. A ces mots, la Montagne proteste, et réclame un blâme énergique de l'adresse : l'Assemblée se contente de passer à l'ordre du jour. Elle ne retrouvait sa force de résistance que lorsque les

sections, envahissant sa barre, venaient ouvertement lui dicter leurs décisions; et que de fois elles
s'y présentèrent, hardies, menaçantes! Le 11 janvier, elles réclament la suspension de la marche des
troupes des départements vers Paris : « Pourquoi?
demanda Buzot. Quels seraient les motifs d'une
faveur particulière pour Paris? Dans les départements, les lois sont observées, les autorités sont
respectées, les impôts sont payés : à Paris, les lois
sont ouvertement violées, les autorités méconnues.
Sont-ce là, sectionnaires de Paris, vos droits à l'insurrection ? »

Ce fut la Commune qui, le 9 mars, demanda à la
Convention la création du tribunal révolutionnaire.
La Gironde était à bout de forces : « Je demande,
dit Lanjuinais, que ce soit au seul département de
Paris que s'applique ce décret, affreux par les circonstances qui nous environnent, affreux par la
violation de tous les principes des droits de l'homme,
affreux par l'abominable irrégularité de la suppression d'appel en matière criminelle » (1). Déjà docile à la tyrannie des sections, la Convention
décrète le tribunal révolutionnaire. C'était un
acheminement à la lutte directe, décisive, entre la
Commune, complice de la Montagne, et les Girondins, perdus à jamais par leurs concessions impo-
litiques, citoyens de plus de qualités que de vertus,
de plus de talent que de courage, et qui, pour gage
de leur civisme, avaient follement jeté la tête
du roi à la Terreur qui les menaçait ; mais la
Terreur était insatiable, et après le martyre de

____

(1) Séance du 9 mars 93.

Louis XVI, aucun nom n'était trop grand ni trop illustre pour l'échafaud.

Le 28 mars, une pétition réclame l'expulsion des Girondins des fonctions de commissaires dans les départements et aux armées, et, pendant cette lecture, une députation des sections de Paris est introduite à la barre, et demande si la Convention peut sauver la patrie, menacée à l'ouest par la Vendée triomphante, et aux portes de Paris par les victoires de l'étranger. La capitale, dont l'ennemi n'est pas loin, s'agite ; les commissaires des sections, de leur autorité privée, se constituent en *Comité central de salut public*, sur la proposition de la section du Mail ; Fonfrède sollicite de la Convention épouvantée la déclaration que la section du Mail a bien mérité de la patrie (2 avril), et le lendemain, le procureur de la Commune, Chaumette, qui avait donné aux commissaires le local de l'Evêché pour se réunir, voit ses actes approuvés par l'Assemblée, malgré les efforts de Buzot.

La Gironde est perdue ; ses derniers efforts, d'une sublimité touchante, ne seront plus que les prodigieux et impuissants coups d'aile de l'oiseau blessé à mort. Dès le 10 avril, une pétition des sections, rédigée dans la section de la Halle aux blés contre une partie des membres de l'Assemblée, est attaquée par les Girondins à la Convention : Robespierre se lève et, pour la première fois, accuse en face les Girondins de dénoncer chaque jour le vertueux peuple de Paris, de vouloir détruire « ce foyer de républicanisme et des lumières publiques ; » Vergniaud lui réplique, trop tard : « Si, sous prétexte de révolution, il faut, pour être patriote, se déclarer le protecteur du meurtre et du brigandage, *jc suis modéré !* » Le 15, les sections, conduites par le maire Pache, demandent l'expulsion des Girondins : la Convention hésite encore ; Lasource avait dit : « Les députés dénoncés n'ont pas perdu la confiance publique, ils n'ont perdu que la confiance du département de Paris » (1) et, sur la proposition de soumettre les députés au jugement des assemblées primaires, la Convention avait improuvé, comme *calomnieuse*, la pétition des sections.

La Gironde voulut profiter de ce succès, qui n'était qu'un répit ; le 18 avril, Guadet propose que « les autorités de Paris soient cassées, que la municipalité soit remplacée par les présidents des sections, que les suppléants des membres de la Convention se réunissent à Bourges, et soient prêts à siéger, en cas de dissolution de l'Assemblée par la violence. » L'intervention de Barrère, que sa prudence fit toujours le prophète des dénouements prochains, réduit cette proposition à la nomination d'une commission de 12 membres, chargée de prendre connaissance des complots tramés contre la liberté.

La commission fait arrêter le substitut de Chaumette, Hébert, et au moment où, sur ce fait, Marat attaque les Douze, le peuple envahit la Convention et la force à lui rendre son père Duchesne, à casser la commission des Douze, et à remettre le jugement de leur conduite au Comité de sûreté générale (27 mai). Le lendemain, la Convention révoque la cassation de la commission des Douze ; le 30, Lan-

____

(1) Séance du 16 avril 93.

juinais dénonce à la tribune le complot tramé par la Commune; la Gironde, sûre de son droit, et, à ce moment suprême, seule dépositaire de ce qui restait encore, en une pareille tourmente, d'ordre, de légalité et de patriotisme, éclate, menace : « Si jamais, s'écrie Isnard, il arrivait qu'on portât atteinte à la représentation nationale, je vous le déclare au nom de la France entière, Paris serait anéanti : oui, la France entière tirerait vengeance de cet attentat, et bientôt on chercherait sur quelle rive de la Seine Paris a existé. » Mais, par ses commissaires, la Commune dominait la France aussi bien que l'Assemblée. Une députation du département de Paris annonce à la Convention une *insurrection morale;* le 31 mai, la Commune se déclare *révolutionnaire* et prend la dictature; elle offre 40 sous à tout insurgé, et Henriot, général des sections, braque sur la Convention les canons de la Commune. La Convention cède, casse de nouveau la commission des Douze et proclame que Paris a bien mérité de la patrie. Ce n'était pas assez : le 1er juin, une députation des sections demande qu'on punisse les traîtres, et l'émeute recommence ; le 2, une nouvelle députation « *des autorités révolutionnaires et constituées du département de Paris* » obtient l'arrestation des vingt-deux Girondins, et déclare que ce décret est le salut de la République.

Les annales de la Convention ne nous signalent qu'une protestation « contre les excès des Jacobins et les tentatives de la Commune », due à la ville d'Angers; Barrère en profite pour demander, au nom de la souveraineté de la Convention, la suppression des comités révolutionnaires (6 juin); mais l'opposition de Robespierre et de Lejeune, et les clameurs de la Montagne (séance du 8 juin), appuyées sur la vague accusation de fédéralisme de Thuriot, repoussent tout compromis; Danton précise énergiquement la portée de la victoire (séance du 13 juin): « Je le proclame à la face de la France, sans les canons du 31 mai, sans l'insurrection, les conspirateurs triomphaient, ils nous donnaient la loi... que nous reste-t-il à faire? à nous identifier avec le peuple de Paris. » Et la Convention *épurée* vote d'enthousiasme la proposition de Couthon : « La Convention nationale déclare que, dans les journées des 31 mai, 1ᵉʳ, 2 et 3 juin, le conseil général révolutionnaire de la Commune et le peuple de Paris ont puissamment concouru à sauver la liberté, l'unité et l'indivisibilité de la République! »

On eût dit, dès lors, que la populace parisienne avait droit de siége à la Convention ; les défilés se succèdent, l'Assemblée règne et ne gouverne pas. Le pouvoir de la Commune est si solide que sa dignité ne se blesse pas pour quelques réceptions assez cavalières, ou quelques revendications de détail : la Convention avait espéré trouver, dans cette servitude, le calme relatif que réclamait la discussion d'une constitution, promise depuis longtemps. Les sections venaient périodiquement se plaindre que la constitution ne fût pas assez démocratique ; on s'y habituait ; quelquefois cependant on les mettait à la porte, comme le 25 juin, quand elles menaçaient de diviser l'Assemblée ; l'orateur congédié avait eu un mouvement oratoire malheureux : « Vous qui habitez la Montagne, dignes sans-culottes, resterez-vous toujours immobiles sur le sommet de ce rocher immortel? » La Convention, qui désirait enfin l'union, et que cette accusation d'immobilité pouvait à bon droit étonner, fit prendre la porte à l'éloquent sectionnaire. Que voulait donc Paris? A la séance du 5 septembre, Chaumette en personne vint le dire; il demanda gravement au nom des sections la mort des Girondins : « Jetons entre eux et nous la barrière de l'Éternité. » — « En profitant de l'énergie du peuple, appuie Billaud-Varennes, nous allons enfin exterminer les ennemis de la Révolution. » La séance devait être profitable : une députation des sections et des Jacobins succède à Chaumette; même pétition, la mort des Girondins : « Il est temps que l'égalité promène sa faux sur toutes les têtes ». Drouet les soutient : « Soyons brigands pour le bonheur du peuple, s'écrie-t-il, soyons brigands! » Cet enthousiasme avait au moins le mérite de la sincérité!

Le soir, à la séance de la Commune, Chaumette raconta avec lyrisme « la sublime attitude du peuple de Paris en cette grande journée, l'importante séance de la Convention qui a décrété que l'armée révolutionnaire, précédée de la guillotine, marcherait dans les départements. » La Commune applaudissait, quand, tout-à-coup, ce discours tourna en une demande d'épuration de la Commune elle-même; Chaumette voulait bien finir sa journée; il accuse Lebeuf d'aimer les rois et les reines, Léger d'avoir demandé la fourniture du vin aux captifs du Temple, Frémont et Massé de protéger les prêtres qui viennent demander des cartes de civisme. Pouvait-on refuser d'aussi minces victimes au vainqueur de la Convention? Chaumette fut satisfait, et annonça négligemment pour un jour prochain une nouvelle *épuration*.

L'épouvantable tyrannie de la Commune se personnifie dans ces deux noms : Chaumette, Hébert; par eux, la loi des suspects remplit les prisons; la raison, doublement prostituée, entra à Notre-Dame; les monuments furent profanés et pillés, la démolition des clochers fut décrétée, parce que, disait Hébert, « leur domination sur les autres édifices semble contrarier le principe de l'égalité; » par eux aussi périrent les Girondins, noblement, et au nom de la patrie qu'ils n'avaient pas su sauver : l'histoire dira que leur seul crime est d'avoir sacrifié un instant à la Terreur, qui les accabla.

La violence est incapable de durée, sa loi fatale de croissance la pousse vite aux extrémités. Les hommes d'état de la Convention rêvaient une dictature durable, impossible avec de tels moyens; il était manifeste que la *déprêtrisation* et les saturnales impies de novembre 93 justifiaient trop la Vendée. Robespierre, qui se voyait seul debout sur les ruines déjà faites, abandonne tout-à-coup la Commune, son ancienne alliée; il voulait établir, à son profit, un gouvernement sur des principes stables; il attendait de la reconnaissance de la France rassurée le pouvoir qui devait passer plus tard aux mains de Bonaparte, que Mme de Staël a appelé un *Robespierre à cheval*. De là, les décrets sur l'Être Suprême, sur la liberté des cultes, moins par conviction que par politique. Les *Hébertistes*, ou *enragés*, s'alarment; à la séance du 31 mars 94, Robespierre fait arrêter Ronsin, Hébert, Chaumette et les autres : « Une société populaire livrée à Chaumette, dit Saint-Just, osa censurer votre décret sur les cultes, et loua dans une adresse l'opinion athée d'Hébert et de Chaumette. On attaqua l'immortalité de l'âme, qui consolait Socrate mourant ; on s'efforça d'ériger l'athéisme en un culte plus intolérant que la superstition. »

Le comité de salut public, dirigé par Robespierre, l'emportait sur la Commune, amoindrie d'Hébert et de Chaumette : elle fut condamnée sans être entendue, entraînant dans sa chute tous les obstacles qui pouvaient s'opposer à la dictature jacobine, Camille Desmoulins, parce qu'il avait été l'ami de Danton, Danton, parce qu'il n'était plus l'ami de Robespierre.

La Terreur redoubla ; la Commune, épurée, rivalisa d'audace avec la Montagne : « Il n'y a que les morts qui ne reviennent pas, » disait Barrère ! Robespierre ne dissimula pas ses projets, il se mettait en évidence à la fête de l'Être Suprême, il annonçait un plan de démocratie morale ; il avait remplacé Chaumette, le procureur, et Pache, le maire, par Payan et Fleuriot, ses créatures : cette alliance avec la Commune effraya la Montagne ; les comités, où elle dominait, attaquèrent sourdement le *tyran*. Robespierre ne parut plus aux comités ; il allait aux Jacobins, les haranguait, les réchauffait, et lorsqu'il crut la Commune prête pour l'insurrection, il reparut à la Convention, et attaqua résolûment les comités (séance du 26 juillet 94) : « Il faut, dit-il, chasser de la Convention tous les hommes corrompus ! » — « Ce Robespierre est insatiable, murmurait Barrère ! » La Montagne, étourdie du coup, hésite un moment : « Il faut arracher le masque, crie Billaud-Varennes : j'aime mieux que mon cadavre serve de trône à un ambitieux, que de devenir par mon silence complice de ses forfaits. » L'assemblée se sépare, flottante, tandis que Robespierre prépare l'insurrection; la Commune l'appuie, Henriot marchera sur l'assemblée; c'est dans ces conditions que s'ouvre la séance du 9 thermidor. La Montagne, sûre cette fois de la droite, est décidée à en finir. Billaud-Varennes accuse; les cris : *A bas le tyran!* empêchent Robespierre de se défendre; Tallien, un poignard à la main, fait décréter l'arrestation d'Henriot; Robespierre, écumant, désespéré d'entendre à son oreille l'implacable sonnette du président Thuriot, qui couvre sa voix : « Pour la dernière fois, président d'assassins, hurle-t-il, je te demande la parole! » Il retombe épuisé, sous l'insulte de la Montagne, le sang de Danton l'étouffe! On l'arrête, on le conduit au Luxembourg; la Commune le délivre, se met en marche, et Henriot fait pointer pour la seconde fois ses canons sur la Convention. Les canonniers ne tirèrent pas. La Convention, prête à mourir, fut sauvée; Barras mit en fuite les bataillons d'Henriot, et la Commune, cernée dans l'Hôtel-de-Ville, fut prise, jugée et exécutée avec les deux Robespierres, Saint-Just, Couthon, Henriot.

L'échafaud de thermidor mit fin au règne de la Commune et de la Terreur; Paris cessa, ce jour-là, de dominer la France, qui lui renvoya, accusés et condamnés, Carrier, Lebon et tant d'autres, qui l'avaient terrorisée en son nom. La dernière tentative d'insurrection parisienne pour la délivrance des montagnards arrêtés échoua, le 20 mai 95, grâce à l'armée; la France tout entière salua d'indignation, avec Boissy d'Anglas, la tête sanglante de Féraud, et le dernier crime du parti démagogique assura définitivement la victoire des thermidoriens.

A cette dictature communale, l'Hôtel-de-Ville gagna un prestige que le temps effacera difficilement. Elle devint le palladium des mécontents, la Bastille du peuple, plus redoutable que la Bastille des rois, le berceau naturel de toute résistance, le Temple de la Fortune des révolutions. Il sembla que sa possession légitimait l'émeute ; dès qu'elle s'abritait sous son ombre, la violence s'appelait le droit. La Commune disparut, mais son souvenir, maintes fois, hanta le palais municipal; la monarchie de juillet vint s'y faire sacrer par Lafayette, la révolution de 1848 y installa son gouvernement provisoire, le 4 septembre y proclama sa république, la Commune du 18 mars y régularisa son insurrection.

Les insurgés de 1848 ne purent ressusciter la Commune, l'Hôtel-de-Ville leur manqua; ils firent d'incroyables efforts pour occuper le capitole révolutionnaire ; l'église Saint-Gervais fut pleine de cadavres (25 juin), le général Duvivier fut tué : l'Hôtel-de-Ville ne put être pris; la répression fut prompte; 1848 fut un mouvement, mais n'eut pas le temps d'être un pouvoir.

L'insurrection de 1871 rajeunit les souvenirs de la Terreur; en dehors de l'influence de l'Internationale, pas une idée nouvelle, pas un système original ne sortit de la Commune du 26 mars : Rigault avait d'Hébert et de Chaumette le rôle, l'athéisme effronté, les vices sauvages; Lullier et Henriot ne différaient que par l'intensité de la folie; Vermersch continuait dignement le père Duchesne; les fédérés n'avaient rien à envier aux sans-culottes, et il y a entre les massacres de la Roquette, après l'entrée des Français à Paris, et les massacres de l'Abbaye, après l'entrée des Prussiens à Verdun, la même proportion d'horreur et de honte, qu'entre les tricoteuses de 93 et les pétroleuses de 71.

Le feu, qui purifie tout, a purifié l'Hôtel-de-Ville de son passé et des crimes faits en son nom; la révolution a brûlé elle-même son palais héréditaire, elle a fait sauter la vieille citadelle qui ne la protégeait plus.

Le talisman est brisé, et, comme les Juifs après l'incendie de leur Temple, les révolutionnaires dispersés ont perdu leur arche sainte. Sur ces ruines méconnaissables, Paris peut relever maintenant le vieil et majestueux asile de sa gloire et de ses franchises.

IDÉE FÉDÉRATIVE

Le système de centralisation appliqué à la France, depuis deux siècles, a fini par susciter entre Paris et la province un antagonisme réel : le despotisme d'une ville n'est pas moins lourd aux autres communes que le despotisme d'un homme aux autres citoyens. La France s'est habituée à trembler, dès que Paris s'agite, et Paris s'agite souvent. Les révolutions justes, dignes de ce nom, sont rares : elles ne sont pas l'œuvre d'une classe, d'une ville, mais du peuple tout entier ; de là leur force, leur fatalité inexorable, leur légitimité. Mais de quel droit, lorsque la France a réalisé 89, la commune de Paris fait-elle 93 ? Pourquoi le succès légitimerait-il mieux des insurrections que des tyrannies, 1830 mieux que le 18 brumaire, 1848 mieux que le 2 décembre ? Entre les coups de force que la poste et le télégraphe lui apportent, la province ne distingue pas, qu'ils soient d'un homme ou de cent, de l'Élysée ou de l'Hôtel-de-Ville.

L'insurrection, qu'elle parte d'en bas ou d'en

haut, n'est jamais que l'insurrection. Paris, le vrai
Paris, nous le savons, n'est coupable que de faiblesse; en se laissant voler son nom, en se laissant
calomnier, il n'est plus dans la géographie révolutionnaire que Paris près Belleville ; par deux fois
le fétichisme de son grand nom a failli nous coûter
cher, en juin 48, en mai 71.

L'effet produit à Paris par la discussion du retour dans la capitale, provoquée à l'assemblée de
Bordeaux après la conclusion de la paix, ne laisse
aucun doute sur la mésintelligence profonde que la
solution donnée jetait entre Paris et les *ruraux*.
Dans le plus grand nombre des bureaux, on avait
élu pour commissaires les membres les plus opposés
au retour, et à ce moment l'installation à Versailles
fut accueillie à Paris par une protestation unanime.
« L'assemblée n'a pas plus le droit de se retirer sur
un mont Aventin, disait déjà *la Cloche*, que la Commune n'a le droit de s'installer à Belleville ou aux
Batignolles. » Et le *Times* prévoyait « qu'en se re-
tirant à Versailles, on laissait le champ libre à Belleville. »

Paris à qui Anacharsis Clootz, à qui Victor Hugo
avaient promis le titre de capitale de l'Europe, ne pouvait pas ne pas s'émouvoir à la pensée de n'être plus en
France qu'une ville de province, et ne pas redouter l'égalité nouvelle méditée par les monarchistes.

Cette scission éclatante accrut l'influence des comités qui, sous le nom de *Fédération de la garde
nationale*, avaient déjà pris en mains la seule force
armée que la capitulation eût laissée dans Paris.
Il fut aisé de prêter à l'assemblée des projets
hostiles à la république, dont le nom plus que la

chose est tout puissant sur les masses, peut-être par le prestige du malheur. Paris menacé par la province dans sa suprématie, dans *sa* république, se prépara à lutter, et se livra à ceux qui promettaient de le protéger et de le défendre.

La manœuvre d'isolement, rapidement exécutée par le gouvernement autour de l'insurrection déclarée du 18 mars, confirma les comités dans les idées séparatistes, « essentiellement municipales » , disaient-ils alors, qui seules pouvaient sauvegarder leur nouveau pouvoir.

Les grandes villes allaient certainement ratifier ce mouvement fait au nom et dans l'intérêt de la république ; quelle porte ouverte aux ambitions locales, et aux moins timides ; quand il était républicain, le premier rang dans son village eût comblé les vœux de César !

Lyon, Marseille, Toulouse se soulevèrent en effet, mais sans les préparatifs, sans les ressources, sans les circonstances de Paris, sans la fièvre de la défaite s'ajoutant aux ardeurs patriotiques trop peu dépensées dans la lutte ; le télégraphe coupé, plus de courant électrique : quelle que fut la crise cérébrale, le corps était insensible, paralysé. Ce fut alors que, des exigences mêmes de la situation, en face des préparatifs offensifs et de l'énergie inattendue du gouvernement de Versailles, l'idée d'une fédération communale, basée sur l'indépendance à peu près complète des assemblées municipales, s'imposa à la commune de Paris.

On avait sans doute espéré mieux : les Jacobins de 93, dont la tradition était renouée par les noms sortis de l'urne du 26 mars, avaient opprimé Paris, et par Paris la France ; c'est avec l'accusation de fédéralisme qu'ils avaient tué les Girondins. La république *une et indivisible* fut aussi le mot d'ordre de 1871, et, quoique ce soit en politique que les mots s'usent le moins, celui-ci fut sans effet au dehors, et du reste peu entendu.

A défaut de la France restait Paris, et la part était belle encore : la Commune se résigna à une fédération. Aussi cette idée n'apparaît-elle que tard dans son programme, après les défaites ; le 20 avril seulement, le mot est jeté comme en passant dans la longue *déclaration au peuple français :* « Paris ne veut rien de plus à titre de garanties locales, à condition bien entendu de retrouver dans la grande administration centrale, délégation des communes *fédérées,* la réalisation et la pratique des mêmes principes. » Et ce n'était encore que le mot, puisque Paris déclarait qu'il ne reconnaissait la délégation centrale des communes fédérées, qu'à la condition de voir d'abord son programme accepté par elles, ce qu'un journal de la Commune exprimait en disant « qu'elle accepterait l'assemblée, si l'assemblée était une convention. »

Sous le coup de nouveaux désastres militaires, la Commune accepta enfin la fédération sans conditions : « Les villes de France ont compris que Paris ne veut *plus* les opprimer ni leur imposer sa volonté ; qu'il leur offre seulement son exemple à suivre, en les invitant à se proclamer libres et à se *fédérer* avec lui. » (*Journal officiel* de la commune, numéro du 4 mai.)

L'idée fédérative n'a laissé que ces deux traces dans les actes de la Commune de 1871 ; mais ce point du programme insurrectionnel, plus intéressant pour la France dont il réglait la destinée, que pour la Commune de Paris aux prises avec les difficultés locales, mérite d'être discuté.

Si l'on veut bien remarquer que cette idée n'est entrée dans le plan de la Commune que par la force des choses, et que les hommes du 26 mars l'ont moins proposée que subie, on reconnaîtra qu'elle ne mérite pas d'être frappée *à priori* de la réprobation assez légitime, qui est due aux idées personnelles de la Commune. Une même idée politique a eu la bonne fortune, en France, de réunir deux partis fort opposés ; contre le pouvoir, auquel ils ne participaient pas, monarchistes et démocrates ont revendiqué, ceux-ci avec violence, ceux-là avec la patience de bon goût qui est une partie de leur faiblesse, et chacun sous un nom différent, les libertés provinciales ou municipales ; si bien qu'on peut dire que la *fédération* n'est que le nom de guerre de la *décentralisation*.

Fédération ou décentralisation, c'est toujours l'indépendance locale limitant l'autorité centrale, c'est, il faut bien le dire, l'avenir de la liberté, le véritable programme républicain, et le fondement de la démocratie moderne. « En Amérique, la Commune prête ses agents à l'Etat, dit M. de Tocqueville, tandis que chez nous c'est l'Etat qui prête ses agents à la Commune (1). »

La question se précise donc dans la suprématie de l'Etat sur la Commune, ou dans l'indépendance de la Commune vis-à-vis de l'Etat. Les monarchistes et

____

(1) *La Démocratie en Amérique.*

les radicaux voient également, dans ce système, une limitation et une diminution du pouvoir central, mais ils ne s'accordent plus sur les conséquences ultérieures du système, les premiers comptant surtout sur les vieilles influences de nom, de fortune, pour s'emparer de l'autorité locale, les seconds fondant tout leur espoir sur la propagande des idées démocratiques et sur le bon sens du suffrage universel ; le temps présent est un temps de lutte, mais qui serait assez peu perspicace pour ne pas prévoir l'issue de la bataille entre le passé et l'avenir ?

L'idée fédérative ou décentralisatrice (1), comme on voudra, reparaît dans l'histoire, à chaque effort nouveau de la liberté.

Au milieu des monarchies absolues de l'antiquité, la Grèce, à qui nous devons les noms de presque tous nos partis politiques, a essayé la première cette forme de gouvernement, qui maintient l'unité de direction des intérêts nationaux, sans opprimer les intérêts particuliers.

Les Etats fédératifs, impuissants pour la conquête, présentent une force de résistance proportionnelle à la proximité des intérêts en danger. Darius et Xerxès l'ont bien éprouvé ; et quand Philippe de

____

(1) Dans le programme des partis, la *fédération* et la *décentralisation* diffèrent de forme, nullement de fond. Les monarchistes désirent la décentralisation par le rétablissement des assemblées provinciales d'avant 89, c'est-à-dire la monarchie de Louis XVI avec la charte de Louis XVIII ; les démocrates préfèrent une fédération républicaine des communes : mais quel que soit le nom que prenne l'autorité centrale, très-amoindrie dans un pareil gouvernement, le centre d'action est le même dans les deux cas, à savoir l'indépendance politique de la Province ou de la commune.

Macédoine voulut dominer la Grèce, il eut l'habileté
de dissoudre la ligue Achéenne en poussant chaque
cité, qui la composait, dans des vues particulières

L'influence de l'esprit grec, épanché par la coloni-
sation, perçait dans l'organisation des douze lucumo-
nies étrusques, indépendantes sous le lien fédératif
et puissantes avant Rome ; l'une d'elles, la florissante Atria, laissa son nom à la mer qui la baignait

Cette forme de gouvernement paisible et libérale
ne convenait guère à l'âge de fer de l'antiquité. Or
ne peut appeler exactement des fédérations ces ligues
que Rome naissante conclut parfois avec ses voisins
et qui n'étaient que la tyrannie de sa suprématie
non plus que les alliances défensives qui permi-
rent aux Barbares, appelés par Tacite *les confédérés*
de résister sur le Rhin aux légions romaines.

Le travail d'organisation et d'établissement qu
suivit les invasions des barbares dans l'Empire
l'absence ou l'impuissance de l'autorité central
aboutirent, vers le dixième siècle, à une fédération
effective, que nous appelons la féodalité ; l'hommage
était le pacte fédéral, et de ce pacte de protection
mutuelle, qui termina les invasions et assit sur des
lois stables la société nouvelle, sont sorties les nations modernes.

« La France avec ses états de province, ses droit
coutumiers et ses bourgeoisies, n'était, a dit Proudhon, qu'une vaste confédération, le roi de France
un président fédéral (1). » Le triomphe de la royauté
c'est-à-dire du pouvoir absolu, vint de l'injustice e

____

(1) *Le principe fédératif*. III. — M. Michelet, *Hist. de la révolution française,* émet la même opinion.

des oppressions des nobles, qui s'aliénèrent le peuple (1) et en firent l'allié du roi.

En plusieurs Etats de l'Europe, la forme fédérative subsiste encore, en Suisse, en Allemagne. Les Pays-Bas furent longtemps une fédération d'aristocraties, ayant pour pouvoir central les états-généraux et pour pouvoir exécutif le Stathouder. Les luttes que ce pays soutint si longtemps contre Philippe II pour sa foi, contre Louis XIV pour sa liberté, et la facilité que l'indépendance de chaque Etat offrait à la corruption et à l'intrigue ont fait douter de l'efficacité du gouvernement fédératif; Grotius disait que la haine de la maison d'Autriche avait seule sauvé sa patrie des vices de sa constitution. Non-seulement la Hollande ne périt pas, mais, en dépit de ces épreuves, sa puissance maritime et commerciale prit une merveilleuse extension.

Les résistances que provoqua maintes fois le despotisme, le vif et ardent désir de la liberté n'eurent pas de plus ferme appui, de meilleure sauvegarde que le pacte fédératif. Dans le terrible mouvement socialiste qui ébranla l'Allemagne au xvie siècle, et que l'histoire appelle la Guerre des Paysans, le signe de ralliement des révoltés fut le rustique soulier qui marquait leur servitude, et qui donna son nom à une des sociétés secrètes les plus puissantes des bords du Rhin, *Bundschuh*, soulier de la fédération.

Ce qui causa l'irrémédiable faiblesse de l'Italie au moyen-âge, et fit d'elle le champ clos du duel de la France et de l'Empire, c'est que ses républiques étaient sans lien entre elles : après avoir réalisé

_____

(1) Hamilton. — *Discussion de la constitution Américaine de* 1787.

l'unité du monde, l'Italie avait perdu jusqu'à sa propre unité.

L'idée fédérative se retrouve, en France, aux temps troublés de la Ligue et de la Fronde, car ces émeutes, sous un prétexte populaire d'indépendance religieuse ou politique, n'étaient que les protestations violentes de la féodalité et des franchises provinciales contre l'omnipotence de la Couronne.

L'*édit d'union* de la Ligue consenti par Henry III, le 21 juillet 1588, créa une fédération des villes catholiques. L'article IX portait : « Déclarons rebelles ceux qui refuseront de signer la présente union, et seront les villes qui désobéiront à la présente ordonnance privées de tous priviléges précédemment accordés (1). »

La Réforme devait user des mêmes armes, un peu plus tard, contre Richelieu : ici encore, le prétexte religieux cachait la révolte féodale des princes contre la toute-puissante autorité du cardinal.

Ce fut l'avant-dernière tentative de l'aristocratie insoumise, et la plus rude : les princes calvinistes, réveillant la vieille haine du nord contre le midi, ne songeaient à rien moins, en s'appuyant sur le peuple, qu'à chasser les rois et à fonder des républiques fédératives, sur le modèle de celle des Pays-Bas; c'était la seule forme qui leur parût compatible avec la liberté de conscience et la liberté politique qu'ils revendiquaient. Maîtres des villes fortes du centre et du midi, ils rêvaient de prendre la

____

(1) *Mémoires de la Ligue*, III, 285. — Voir notamment les articles de l'*Union jurée et promise par les Consuls, Echevins, manants et habitants Catholiques de tous les ordres et états de la ville de Lyon*, p. 285.

Loire pour frontière septentrionale du nouvel Etat, et de réaliser ainsi en France l'œuvre du prince d'Orange dans les Pays-Bas (1).

La politique de Richelieu mit ordre à ces tentatives, qui précipitèrent, en essayant de le combattre, l'avénement de l'absolutisme royal.

Mazarin acheva contre la Fronde l'œuvre commencée par Richelieu contre la Réforme : la centralisation monarchique. Ce fut surtout dans la seconde période de la Fronde, en province, que l'esprit fédératif tenta d'organiser fortement la résistance; « la province, dit M. Capefigue, visait au fédéralisme local (2); » elle y cherche en effet la plus sûre garantie pour ses intérêts et pour sa sécurité. Qu'apportent au laboureur, à l'artisan, au citoyen paisible, les luttes des partis, les disputes du pouvoir, sinon des craintes incessantes et des charges plus lourdes? En quoi le touchent les problèmes constitutionnels, quand, sous ses yeux, ses premiers intérêts, les intérêts locaux ou régionaux, les intérêts de son travail et de son industrie sont négligés, compromis?

Le système fédératif n'est pas seulement un bon système d'organisation intérieure, il a encore offert à quelques grands esprits une solution des questions de politique internationale.

Après avoir sauvé la France de l'anarchie, Henry IV méditait de réunir l'Europe en une sorte de fédération d'Etats, indépendants les uns des autres quant à leurs lois et à leur gouvernement, et confiant à un sénat suprême le jugement de leurs querelles.

____

(1) Capefigue. — *Richelieu, Mazarin et la Fronde.* I. VIII.
(2) *Richelieu, Mazarin....* II, VII.

Napoléon Ier devait reprendre la même idée, en l'élargissant à la mesure de son génie ; dans sa *Lettre pour le ministre de France à Varsovie*, il exposait le plan d'une fédération européenne, ayant pour base et pour garantie la France à l'ouest, la Russie à l'est, l'Allemagne au centre. Au xviiie siècle, et pour les théoriciens de la révolution française, la forme fédérative fut l'idéal des gouvernements. Montesquieu reconnaissait que « c'était par là que la Hollande, l'Allemagne, les ligues suisses, étaient regardées en Europe comme des républiques éternelles ; que cette sorte de république, capable de résister à la force extérieure, pouvait se maintenir dans sa grandeur sans que l'intérieur se corrompe ; » en un mot, « que la forme de cette société prévenait tous les inconvénients (1). » Rousseau, dont l'influence sur le mouvement révolutionnaire fut si personnelle, avouait « que cette forme fédérative, qui peut-être dans son origine eut une cause fortuite, lui paraissait être un chef-d'œuvre de politique (2). »

L'épreuve du fédéralisme n'avait pas été faite encore en 89 ; la révolution, et plus tard la Gironde, qui la représenta le mieux, s'en emparèrent et l'opposèrent à la monarchie ; ils pensaient, comme on l'a remarqué depuis, que « le gouvernement unitaire ne représente qu'une seule souveraineté, et condamne la liberté à une lutte incessante contre la force (3). »

La création des départements par l'assemblée de

______

(1) *Esprit des lois*, IX, chap. I.
(2) *Considérations sur le gouvernement de Pologne*, IX. — Même idée dans le *Contrat social*, III, xiii.
(3) Gustave Chaudey. — *Courrier du dimanche*, 1862.

1789 avait brisé la vieille autonomie provinciale ; les communes alarmées, isolées, par une résistance instinctive à la centralisation excessive qui se préparait plus complète encore que sous Louis XIV, se fédérèrent, en Bretagne, en Vivarais, en Bourgogne, ailleurs encore, au nom de leur sécurité (1), principalement en janvier 90. Le parti avancé s'empara de cette idée ; Barnave avait dit : « Il faut que la France choisisse entre la fédération ou la monarchie ; » les révolutionnaires choisirent la fédération, afin d'éliminer la monarchie. Peu de différence entre le plan de Brissot de 1789 et le plan de la commune de 1871 : tous deux tendaient à une fédération plutôt communale que provinciale, dont le signal serait donné par l'organisation indépendante de la commune de Paris ; c'était sans doute plus qu'un expédient contre la royauté, comme l'ont cru plusieurs historiens, c'était un système : nul parti ne fut mieux discipliné, plus réfléchi que la Gironde.

Au début de la révolution, l'idée fut acclamée ; on la fêta solennellement le 14 juillet 90, et on baptisa « la plaine, souillée par les vestiges du despotisme (2), » où la fête fut célébrée, du beau nom de *Champ de la Fédération*. Le même jour, par toute la France, on échangeait les mêmes serments de concorde et d'union.

Le despotisme de la commune de Paris, en rompant l'équilibre nécessaire, compromit cette harmonie. Les partis, qu'elle menaçait, s'appuyèrent

(1) Admirable tableau de M. Michelet. — *Révolution française.* 11, iv, xi.

(2) Rabaud S¹ Etienne. — *Précis de l'histoire de la révolution française.* IV.

sur les départements; au nom des départements, Camille Desmoulins menaçait Paris d'une scission : « Paris verra les départements indignés s'ériger en États-Unis, et l'abandonner à sa corruption (1). »

C'est en ce sens que l'accusation de fédéralisme fut portée contre la Gironde et l'abattit : les circonstances extrèmes où l'on se trouvait avaient rendu le programme de ce parti insuffisant, dangereux même; il fallait opposer à l'étranger, à la Vendée, une unité écrasante : M. de Maistre reconnaît, qu'à ce moment, *la rage infernale* des Jacobins pouvait seule sauver la France. Mais, malgré sa défaite, il est certain « que la Gironde, accusée de fédéralisme, représentait mieux que les Jacobins la pensée de la révolution. La république une et indivisible des Jacobins a fait plus que détruire le vieux fédéralisme provincial : elle a rendu la liberté impossible en France, et la révolution illusoire (2). » Le jugement est formel, et il est d'un maître.

La Gironde eut d'ailleurs assez d'esprit politique pour sacrifier ses espérances, dès qu'elle y vit un danger ; le 19 octobre 92, Gensonné, une des victimes du 31 octobre 93, disait à la tribune de la Convention au sujet des fédérations : « Ces idées commencent à se propager, et si, par malheur, on suivait ce système, au lieu d'une république unique on verrait bientôt 24000 républiques fédératives. Repoussons tout système de désorganisation sociale et de division. »

Il y avait au reste opposition manifeste entre l'esprit fédératif et l'esprit de la Terreur. La France

____

(1) *Le vieux Cordelier*. Juin, juillet 91.
(2) Proudhon. — *Le principe fédératif*, II, i.

selon la Terreur rappelle, avec une sinistre ressemblance, l'appareil du licteur romain : un faisceau serré et la hache au milieu. Au contraire, l'union volontaire des populations communales ou régionales au nom de la fraternité n'avait pu s'accomplir sans développer le sentiment, jeune alors, de la sympathie sociale. Les premières fédérations des provinces s'étaient faites « pour s'unir et s'aimer les uns les autres. » Le 4 novembre 92, une députation de fédérés des départements vint demander à la barre de la Convention la fédération des citoyens des départements avec ceux de Paris. Quelles paroles, deux mois avant la condamnation de l'infortuné Louis XVI : « On a dit que nous voulions assassiner le ci-devant roi. Nous ne nous souvenons pas plus de Louis XVI que s'il n'eût jamais existé. Si nous nous rappelons les maux que nous fit l'ancien despotisme, c'est pour détester les anarchistes, qui en préparent de plus horribles encore. » Sans les ambitions jacobines, la fédération eût peut-être sauvé la Gironde de l'échafaud et la France de la Terreur; justice fut rendue, dès 1795, à cette idée civilisatrice et libérale, quand Chénier déplora, devant la Convention, la mort « des milliers de républicains égorgés dans le midi et dans l'ouest sous le prétexte ridicule de fédéralisme, qui n'a jamais existé que dans quelques brochures de leurs ennemis. » (Séance du 24 mars.)

Avant de triompher, l'idée fédérative devra lutter contre beaucoup de préjugés. Comment abandonner cette unité un peu étroite, mais qui avait fait si longtemps notre prospérité et notre grandeur ? Pourquoi bouleverser cette administration,

dont les rouages fonctionnent depuis longtemps?
— On oublie trop facilement que, si la centralisation monarchique a hâté l'unité française, pour
aboutir, en fin de compte, à Louis XIV, à Napo-
léon Ier, le principe fédératif n'a empêché ni l'unité
d'action de la Suisse, ni celle de l'Allemagne, et a
conduit bien plus vite et bien plus démocratique-
ment les États-Unis à un degré de puissance qui
étonne et effraie déjà les unitaires européens. Les
États-Unis d'Europe, dont on a reparlé encore sous
la dernière commune, ne seraient-ils qu'un piége,
par la prépondérance naturelle des grands États?
Mais cette prépondérance des grands États étant
nécessairement équilibrée par la prépondérance
de tous sur chacun, le piége entrevu n'existe vraiment pas.

Nous ajouterons que l'institution fédérative est
probablement appelée à devenir le correctif du suffrage universel. Avec le suffrage universel, à un seul
degré, tel qu'il existe aujourd'hui, le pouvoir réel
appartient à la multitude, et nous savons quel
usage elle en fait souvent. « De la politique, dit
Proudhon, la multitude ne comprend que l'intrigue,
du gouvernement que les profusions et la force, de
la justice que la vindicte, de la liberté que la faculté de s'ériger des idoles qu'elle démolit le lendemain » (1). Elle n'est pas vile, comme on l'a dit,
elle est aveugle : c'est une force dont il s'agit de faire
une intelligence. Il convient donc d'opposer à ces
entraînements irréfléchis des masses l'obstacle des
influences locales, légitimes, non pas de la nais-

____

(I) *Le principe fédératif*, chap. V.

sance, ou de la richesse, mais de l'instruction et du talent ; il faut donner à cette force aveugle des directeurs, des instituteurs sur place, qui éveillent en elle l'instinct de ses véritables intérêts et lui montrent le but utile de ses efforts, progrès qui est visiblement et étroitement lié au développement normal et complet des libertés provinciales et surtout municipales.

SOCIALISME

Il n'y a pas de question sur laquelle la fantasmagorie des mots et l'ignorance des choses aient amassé plus de préjugés et de haines , violentesparce qu'elles sont aveugles, que sur la question sociale. On verrait des étonnements bien sincères, si l'on apprenait à beaucoup de gens, que le mot effraie, ce que c'est en vérité que le socialisme, et si on leur découvrait par là même qu'ils sont socialistes sans le savoir.

Trop d'esprits sont indifférents à ces problèmes , dont la solution éclaire plus qu'elle ne menace l'avenir. Les intérêts satisfaits, qui forment la majorité de la classe moyenne, se soucient peu, nous le savons, des intérêts en souffrance des classes inférieures : cette égoïste indifférence ne laisse place qu'aux revendications violentes ; car c'est surtout pour ceux qui souffrent que le droit strict n'est plus le droit.

Ils ne savent réellement pas ce qu'ils font, ceux qui prononcent avec horreur ce mot : socialiste ! Le socialisme, dirai-je aux philanthropes, a ses racines dans la charité humaine ; c'est plus que le secours temporaire, c'est le remède, ou, comme on dit en thérapeutique, le régime ; c'est l'égalité véritable, le droit contre la misère ; le socialisme, dirai-je aux catholiques, c'est le principe même du christianisme : « Aimez votre prochain comme vous-même, » c'est l'idéal terrestre de la vie chrétienne, moins radical encore que le communisme des couvents catholiques ; c'est le droit à la charité, corollaire incontestable du devoir.

J'ai visité à Paris des ouvriers, des maçons par exemple, qui gagnent cinq francs par jour ; ils travaillent loin de chez eux, sont obligés de se nourrir au dehors ; l'homme qui travaille ne peut dépenser pour sa nourriture moins de deux francs par jour : il a, à la maison, trois ou quatre enfants, en bas âge, la femme assez occupée des soins domestiques, souvent malade, dans les taudis malsains des vieilles rues de Paris ; prélevez un minimum de vingt-cinq francs par mois pour le loyer, et quel loyer ! restent soixante-cinq francs par mois pour nourrir, entretenir, vêtir, chauffer une famille : peuvent-ils vivre ? Voilà un fait.

Que de misères morales et physiques ce fait explique ! La statistique officielle donne pour Paris des chiffres effrayants : en 1866, Paris comptait 468,337 ouvriers proprement dits, sans les contremaîtres, agents, employés, classés à part ; ils avaient à leur charge 286,670 personnes, vieillards, femmes, enfants ; 200,000 gagnaient un salaire *inférieur* à cinq francs, 100,000 étaient secourus par les établissements de bienfaisance.

Quand on parle d'améliorer le sort des ouvriers, il y a beaucoup de bonnes gens qui croient que c'est une phrase.

Le commerce et l'industrie reposent sur deux forces : 1° le capital, que représentent personnellement le patron ou les actionnaires ;

2° le travail, que représentent les ouvriers.

On a calculé que le salaire de l'ouvrier équivaut à *un cinquième* du produit total des affaires, et que le capital prend les *quatre cinquièmes* (1). Un exemple : une maison fait cent mille francs d'affaires; tous les ouvriers ensemble touchent 20,000 francs, et la part du capital (actionnaires ou patron) est de 80,000 francs.

Cette proportion est-elle juste? Les ouvriers souffrent, ont des besoins; peut-on les laisser dans cette situation vis-à-vis du sac d'argent, impassible, et qui signifie déjà jouissances, plaisirs, luxe? est-il légitime que 80 0/0 aille tranquillement au superflu, tandis que 20 0/0 seulement arrive au nécessaire, actif, travaillant huit heures par jour, et roulant jusqu'à la mort l'éternel rocher de la misère; cela peut-il, cela doit-il changer? Oui, mille fois oui! — Voilà du socialisme!

Ne nous étonnons plus que les insurrections politiques qui inscrivent sur leur drapeau ce mot, cette espérance, trouvent aussitôt tant de défenseurs. La négligence publique a laissé s'organiser sous ses yeux cette force redoutable des intérêts méconnus, qui, sous le nom d'Internationale, embrasse le monde;

(1) Statistique de l'industrie, résultant de l'enquête faite par la chambre de commerce à Paris, publiée par le ministère du commerce.

au fond, vaine menace, car que deviendrait le producteur, c'est-à-dire l'ouvrier, s'il supprimait le consommateur, c'est-à-dire le rentier, propriétaire ou bourgeois : il mourrait de pléthore au lieu de périr d'indigence.

L'équilibre entre le droit du capital et le droit de l'ouvrier, en un mot l'organisation du travail, tel est le programme du socialisme vrai, sincère. Depuis quarante ans, une foule de systèmes ont prétendu offrir la solution de la question, les uns, les théoriciens, en exagérant le droit social (Communistes, Saint-Simoniens, Phalanstériens, etc.), les autres, moins spéculatifs, en s'autorisant d'axiomes individuels, absolument contestables (Proudhon, Louis Blanc) : ces solutions sont toutes subversives, elles dépassent le but, et le manquent par conséquent; il ne s'agit en effet ni de droit au travail, ni de fruits communs, ni de droit de propriété, ni de liquidation sociale, il s'agit seulement de la proportion des salaires; mais la réforme qui suffirait à l'ouvrier ne suffit point aux gens à systèmes.

L'élection de plusieurs membres de l'Internationale à la Commune de Paris, le 26 mars, imprima au mouvement une direction socialiste telle qu'elle domina promptement l'influence militaire des comités de la garde nationale, et, bien qu'auteurs de la révolte, les relégua au second plan. On peut être surpris de voir quelle place les discussions économiques ont tenue dans les séances de la Commune : ce fut même la seule force de ce pouvoir insurrectionnel, si peu pourvu de talents militaires. Dès le 24 mars, le comité central annonçait que la révolution, qui venait d'être faite, n'était pas autre chose

que « l'avénement du monde des travailleurs; »
« l'exploitation et la production aux prises » était le
mot de la lutte, il fallait « ouvrir les portes au prolétariat instruit, au vrai peuple, à la seule classe
pure encore de nos fautes et de nos déchéances, à la
seule, enfin, capable de sauver le pays (1). »

Les projets étaient vastes, on voulait la « liquidation sociale (2), » mot vague, par conséquent
dangereux en pareilles bouches, et indiscutable,
puisqu'il ne précise rien; le 20 avril, était créé, sous
le titre de *Travail et échange*, un ministère ou délégation, dont Frankel, de l'Internationale, devenait
titulaire; les rapports sérieux, que la Commune eut
à examiner, furent rédigés par ce Frankel, sur les
échéances, sur les monts-de-piété, sur les marchés
d'habillement. Les événements politiques entravè-
rent le développement et les applications des idées
de l'Internationale; ce qu'on put en connaître fut
peu révolutionnaire : le décret sur les échéances était
transitoire, et cet échelonnement des termes, exigi-
bles par huitième, ménageait les droits du créancier,
tout en soulageant le débiteur; la suppression des
monts-de-piété, qui ne sont, en réalité, que des ban-
ques *privilégiées* de prêts sur gages, était un souvenir
de 93; les considérants du décret (3), les arguments
de la discussion laissent croire que la Commune
entendait reconnaître le *droit au travail*, et ce doit
être en effet un des *desiderata* de l'Internationale.

Le respect de la propriété fut plusieurs fois pro-

(1) Proclamation du maire Régère, aux électeurs du Vᵉ arrondissement, le 25 mars.
(2) Séance de la Commune du 14 avril.
(3) Séance de la Commune du 25 avril.

clamé : « Détruire brusquement les monts-de-piété, dit Jourde, ce serait porter atteinte à la propriété, ce que nous n'avons encore jamais fait (1). » La Commune dit qu'elle considérait comme une manœuvre de Versailles l'insertion à l'*Officiel* de la note du citoyen Grêlier (2) : « Les habitants de Paris sont invités à se rendre à leur domicile sous quarante-huit heures; passé ce délai, leurs titres de rente et le grand livre seront brûlés. » Elle accueillit par des murmures ces paroles de Paschal Grousset: « Tout en blâmant l'insertion de cette note, je demande qu'on prenne des mesures pour l'anéantissement de tous les titres appartenant aux Versaillais, le jour où ils entreraient à Paris. »

Le décret, qui supprimait le travail de nuit pour les ouvriers boulangers, paraît avoir été demandé par une réunion d'ouvriers, du consentement des patrons; c'était encore une réminiscence de 93; le 4 frimaire an II, le procureur de la Commune, Chaumette, avait même été bien plus *égalitaire* : « La richesse et la pauvreté, dit-il, devant également disparaître du régime de l'égalité, il ne sera plus composé un pain de fleur de farine pour le riche, et un pain de son pour le pauvre. Tous les boulangers sont tenus, sous peine d'incarcération, de fabriquer une bonne et seule espèce de pain, le *pain de l'égalité* (3). »

Le socialisme de 1871 était moins radical, et Frankel trouvait que ce décret sur la boulangerie « était le seul décret véritablement socialiste qui ait été rendu par la Commune : les autres décrets peuvent

(1) Séance du 25 avril.
(2) Séance du 1 prairial an 79 (22 mai).
(3) *Affiches de la Commune de Paris*, fol. 4 frimaire an II.

être plus complets que celui-là, mais aucun n'a aussi complétement le caractère social (1). »

Le *droit au travail* n'est qu'une des solutions du vaste problème de l'*organisation du travail* : était-ce la solution préférée par les membres de la Commune? l'affirmative n'est pas indiscutable : la Commune n'eut que le temps de poser le problème. « La commission du travail, dit le rapporteur, n'a pas entendu conseiller une liquidation immédiate (des monts-de-piété). Quand nous aurons réformé notre état économique, on pourra liquider cette situation; mais pour réformer l'état économique, il faut organiser le travail (2). » Au sujet des marchés pour habillements militaires, le même Frankel ajouta : « Il est inutile et immoral d'avoir recours à un intermédiaire qui n'a d'autres fonctions que de prélever un impôt sur la journée des travailleurs qu'il occupe; c'est continuer l'asservissement des travailleurs par la centralisation du travail entre les mains de l'exploiteur; c'est continuer les traditions esclavagistes des régimes bourgeois, ennemis acharnés, par intérêt, de toute émancipation de la classe ouvrière. En principe, nous l'avons admis dans toutes nos études sociales, lorsque, *dans l'époque transitoire*, l'individu soumissionnera pour un travail de l'Etat, il devra, par un cahier des charges, indiquer le prix de la main-d'œuvre, car le prix de la main-d'œuvre reste comme *alea* dans les marchés, c'est lui qui supporte les rabais (3). »

Cette mesure protectrice n'était qu'un expédient,

<hr>

(1) Séance du 28 avril.
(2) Séance du 6 mai.
(3) Séance du 12 mai.

bon pour l'*époque transitoire;* les actes de la Commune ne portent pas trace des mesures qui devaient être *définitives*, et révéler sa solution officielle de l'organisation du travail.

Si l'on considère la Commune comme l'avant-garde de l'Internationale, ce qui est exact, on croit pouvoir trouver, dans les doctrines de cette association, quelques éclaircissements sur les réformes qui étaient réservées à Paris et à la France. Mais les membres de cette société se divisent eux-mêmes en plusieurs groupes sur les questions sociales, et n'arrivent à l'unanimité que sur la question négative : la tyrannie du capital.

La courte histoire de l'Internationale, qui domina la Commune, n'est pas étrangère à notre sujet (1). A l'exposition de 1862, à Londres, les ouvriers délégués des différents pays de l'Europe furent frappés de la situation prospère de l'ouvrier anglais qui, en produisantà un prix de revient moindre, percevait cependant un salaire plus élevé. L'économie des sociétés coopératives anglaises, *Trades-Unions*, résolvait cette contradiction apparente ; les ouvriers délégués s'occupèrent aussitôt d'organiser chez eux le mouvement coopératif, et de réclamer l'abrogation des lois contre les associations et les coalitions, qui y faisaient obstacle.

Un *bureau* fut installé à Paris, relevant, comme les autres, du comité directeur, *Conseil général*, siégeant à Londres ; il tenait séance chaque jeudi, rue des Gravilliers.

Le congrès de Genève (1865-66) réunit les délégués de différents pays ; le mémoire des délégués français

(1) *L'association internationale des travailleurs*, par E. E. Fribourg, l'un des fondateurs.

se faisait remarquer par sa modération relative : il s'élevait contre l'*intérêt* du capital, s'autorisant même des Pères de l'Eglise ; il réclamait l'instruction par la famille, en dehors de l'Etat ; l'éloignement de la femme des ateliers et des manufactures, « qui la démoralisent et la tuent, qui ne respectent pas sa dignité, qu'elle ne pourra jamais reconquérir que dans la famille. » Comme mode d'organisation du travail, le mémoire mettait au premier rang la *coopération*, en la distinguant nettement de l'*association*; en matière d'impôt, il réclamait « l'impôt aussi direct que possible » au nom de la justice; il protestait contre les armées permanentes au nom de la production, de la liberté et de la paix, et terminait en proclamant sa neutralité à l'égard des opinions religieuses.

Les Anglais et les Allemands n'adoptèrent ce mémoire qu'en faisant certaines réserves. Cette scission devait s'accentuer définitivement au congrès de Lausanne, en 1867. Le droit de propriété, menacé par un délégué belge, César de Paëpe, communiste ou collectiviste, comme on dit aujourd'hui, fut sauvé à grand'peine, pour cette fois, par l'intervention des délégués français. Un fait important termina ce congrès : ce fut l'alliance proposée par la *Ligue républicaine de la Paix*, siégeant à Genève, et acceptée par l'Internationale : premier pas dans la politique, « première faute, » dit son historiographe.

A Genève, ce fut Gustave Chaudey, future victime de la Commune, qui formula le rapprochement en ces termes : les travailleurs aideront les bourgeois à reconquérir les libertés politiques; en retour, la bourgeoisie coopérera à l'affranchissement économique du prolétariat.

Voilà comment l'Internationale se trouva amenée à prêter son concours aux émeutes républicaines de la fin de l'Empire ; poursuivie, condamnée, elle vit crouler, à Paris, l'œuvre qu'elle avait entreprise.

La suppression du *bureau* français, et l'impossibilité d'envoyer des délégués officiels au Congrès de Bruxelles, en 1868, y laissa le champ libre aux théories communistes, qui s'affirmèrent énergiquement ; la *collectivité* de la propriété fut votée, et, par l'influence de Blanqui, le parti exalté de la *Ligue de la paix*, réunie en ce moment à Berne, voulut s'associer à ce vote en proposant *l'égalisation des classes et des individus* MM. Lemonnier, Chaudey, Barni, Fribourg firent rejeter cette doctrine, et le vote provoqua le départ de l'élément extrême, représenté par un Russe, Bakounine, nihiliste, et par un Allemand, Becker, qui fondèrent l'*Alliance internationale de la Démocratie socialiste*, ayant pour base l'athéisme, le communisme, la négation du patriotisme, la république universelle.

Le Congrés de Bâle (1869) couronna la victoire de ce parti, en adoptant ses propositions ; le programme actuel de l'Internationale, « de Karl Marx, le communiste allemand, de Bakounine, le barbare russe, de Blanqui, l'autoritaire forcené, » comporte officiellement :

L'abolition de la propriété foncière ;

L'expropriation des propriétaires actuels, par tous les moyens ;

La solidarisation des Communes ;

La destruction de tous les Etats nationaux et territoriaux.

Nous ne doutons pas que telles eussent été aussi les tendances de la Commune de 1871, si, par impossible, elle eût triomphé.

Le danger est grand, il faut aviser.

Dieu accule périodiquement le monde à un de ces terribles dilemmes, qui demandent un suprême effort, angoisses de l'enfantement d'un monde nouveau; toute résistance à cet ordre providentiel est impitoyablement brisée: l'histoire a baptisé ces événements de noms mémorables; l'ordre s'appelle 89, la résistance se nomme 93.

Le mouvement socialiste, pratique, de l'Internationale est récent, et déjà formidable (1); les théories sont aussi anciennes que variées, et les expériences qu'on en a faites, aussi éphémères que malheureuses : toutes pèchent par un radicalisme exagéré; réformer n'est pas renverser.

Platon, dans *la République* et dans *les Lois*, fonda sur le sentiment la communauté des biens, l'égalité et la promiscuité des sexes; « l'Etat le meilleur est celui où l'on pratique le plus à la lettre le vieux proverbe : tout est véritablement commun entre amis. » Platon, même en Grèce, ne fut jamais considéré comme un homme d'Etat. Six siècles plus tard, dans l'Ecole néo-platonicienne d'Alexandrie, Plotin voulut fonder une ville sur le modèle du maître : l'empereur de ce temps-là, Gallien, ne le permit pas. L'antiquité compte quelques sectes, des couvents payens, qui pratiquèrent le communisme; tels les Pythagoriciens, ancêtres des Saints-Simoniens, et qui furent gratifiés comme eux, à vingt-

____

(1) Le mot *socialiste* fut créé, en 1835, par M. Louis Reybaud, dans la *Revue des Deux Mondes*.

quatre siècles de distance, des huées et des pierres
de la foule, tant le monde change peu ! les Essé-
niens, secte juive, que Pline (1) nous montre « sans
femmes, sans amour, sans argent, compagnons des
palmiers, se recrutant sans cesse parmi les fatigués
de la vie et les naufragés de la fortune. »

Rome, enivrée de conquêtes, protégée d'ailleurs
par le bouclier d'airain de ses inflexibles lois, ne
connut pas le socialisme. Les lois agraires des Grac-
ques n'attaquaient nullement le droit de propriété,
elles tendaient seulement à donner aux plébéiens une
part dans les terres conquises, distribuées alors entre les patriciens.

Le moyen-âge, ère de force et de barbarie,
ne vit du socialisme que les violences sans système. Ceux qui souffrent se soulèvent ; étant sans
droits, ils étaient presque sans devoirs ; lutte sauvage, désespérée, de la brutalité contre la force, du
serf contre le maître. En Angleterre « un fol prestre
de la Comté de Kent, » (2) prêche, au xiiie siècle :
« Bonnes gens, les choses ne peuvent pas bien aller,
jusques à tant que biens iront tout de commun, et
qu'il ne sera ni vilains, ni gentils-hommes, et que
les seigneurs ne seront plus grands maîtres que nous.
Nous sommes tous venus d'un père et d'une mère....
Ils ont le séjour et les beaux manoirs, et nous avons
la peine et le travail, la pluie et le vent aux champs ;
ils ont les vins, les épices et les bons pains, et nous
avons le seigle, et le rejet de la paille, et si ne buvons
que de l'eau.... Nous voulons qu'il soit autrement,
et nous y pourvoyerons de remède..... Ainsi di-

(1) *Histoire naturelle*, V. xv.
(2) Froissart, II, 125 et suiv.

soit Jehan Valée ; par quoy trop de menues gens l'aimoyent. »

Les paysans révoltés prirent Londres, pillèrent la ville, tuèrent l'archevêque de Cantorbéry, firent signer au Roi tout ce qu'ils voulurent : les nobles les attaquèrent dans la confiance de leur victoire, et les mirent en pièces.

En France, c'est la Jacquerie (xive siècle). « En ces assemblées avait gens de labour le plus » (1), et beaucoup d'artisans ; le but était la guerre sans merci aux prêtres et aux nobles (2) : « Honni soit, criaient-ils, celui par qui il demourra que tous les gentilshommes ne soient détruits ! » Le meurtre, l'incendie, le pillage, le viol, marquaient leur passage ; trait caractéristique : « ils habillaient curieusement leurs femmes, dit un chroniqueur contemporain, Jean de Venette, des vêtements volés chez les nobles.... Mais cette monstruosité ne pouvait durer ». Ils furent battus à Meaux, et massacrés en partie (1358) ; cette Terreur avait duré six semaines.

Un siècle plus tard, les paysans allemands se soulèvent à leur tour. Qu'on nous permette une parenthèse : les révolutions sociales ou politiques, suivent la même route : l'étincelle, lancée par l'Angleterre, incendie la France, et court de là en Allemagne ; l'itinéraire est facile à tracer :

	ANGLETERRE.	FRANCE.	ALLEMAGNE.
Guerre des paysans.	xiiie siècle.	xive siècle.	xvie siècle.
Révolution politique.	1648.	1789.	1848.
Internationale.	Exposition de 1862.	8 janvier 1865, fondation du bureau de Paris.	1869 (congrès de Bâle), triomphe de l'élément russo-allemand.

(1) *Grandes chroniques de St Denis*, chap. 76.
(2) *Trésor des chartes*, reg. 86. — p. 357.

La Russie vient chez nous au-devant de la révolution, qui n'est pas encore naturalisée chez elle (Bakounine, Alexieff et autres ultra-internationaux) : Paris, Londres, Bruxelles et Genève sont les citadelles du quadrilatère révolutionnaire, la base d'opérations.

Les mouvements allemands sont moins violents, la guerre des paysans exceptée, et ce sont les derniers : la révolution, épuisée, change alors de forme.

Au xvie siècle, Münzer arma les paysans allemands au nom de l'égalité, au nom du communisme biblique. « Dans la primitive Eglise, tous les biens étaient à tous... mettons tous les biens communs ; pourquoi gémirions-nous dans la pauvreté et serions-nous accablés de maux, tandis que les riches nagent dans les délices » (1).

En vertu de ces principes, les Anabaptistes se mirent à piller les couvents, les maisons des riches ; battu à Frankenhausen (15 mai 1525), Münzer est pris, torturé et décapité ; les Anabaptistes continuent sous Jean de Leyde leur apostolat compliqué de la communauté des femmes sous le nom de « liberté chrétienne. » Ces saturnales durèrent dix ans. Assiégé dans Munster, le roi de Sion, comme se faisait appeler Jean de Leyde, fut mis à mort après des supplices horribles ; ses partisans et ses femmes furent massacrés.

Quel dénouement à ces violentes tragédies ? la misère et la mort, répondent les faits ; le bonheur du peuple, prétendent les livres. Qui lit des œuvres écrites en ces malheureux temps est stupéfait ; au

______

(1) Meshovius. — *Historia Anabaptistica*. — Cologne, 1617.

plus fort de la Terreur, Fabre d'Eglantine, le montagnard, composait la romance :

> Il pleut, il pleut, bergère,
> Ramène tes moutons.....

En 1516, entre les Jacques et les Anabaptistes, Thomas Morus écrit l'*Utopie*, une pastorale, semée d'attaques contre la propriété et contre les riches « qui diminuent par leurs lois le salaire des pauvres, et qui font des voleurs pour avoir le plaisir de les pendre. »

La *Civitas Solis*, de Campanella, moine dominicain, reproduit les mêmes idées, en 1630, avec le même illuminisme : communauté des biens, promiscuité des sexes, travail en commun, et des détails charmants sur l'étude des arts, les cérémonies, et la *fatalité* de la vertu.

Le communisme n'était encore qu'une opinion, le xviiie siècle en fit un système.

Morelly commence par une épopée, *la Basiliade*, dont les rêveries, prises au sérieux, lui inspirent *le Code de la nature*, véritable philosophie du communisme ; il commence la chaîne de ces cœurs sensibles, qui imaginent l'homme si bon que tout le mal vient de la société ; ils rêvent tout haut du bonheur de l'humanité : au début douce folie, mais qui, après avoir passé par l'envieux égoïsme de Rousseau, aboutira à la vertu, à la philanthropie, à la sensibilité de Robespierre !

« Le seul vice est l'avarice, remarque Morelly, les autres ne sont que des tons, des degrés de celui-ci ; plus de propriété ; chaque citoyen serviteur de l'état sera nourri par l'état. »

« Tous les vices, ajoute Mably (1), viennent de la propriété : ambition, avarice, vanité, jalousie ; l'inégalité des fortunes est contre nature. »

Rousseau est plus habile, il n'attaque pas en face ; il expose, il déplore les calamités causées par l'inégalité des conditions (2) ; c'est au malheureux à conclure, et Rousseau l'exaspère encore par son indécision désespérée : Cela est injuste, affreux, intolérable, mais le moyen que cela soit autrement!.....

Et le pauvre peuple essaiera de tous les moyens. Dès 1780, Brissot de Warville lui suggère les plus extrêmes, dans ses *Recherches philosophiques sur le droit de propriété et le vol*, pamphlet déclamatoire et matérialiste jusqu'au cynisme. « Le droit finit où le besoin cesse, » écrit Brissot de Warville. M. Louis Blanc n'a pas eu d'autre principe ; « la propriété exclusive est un vol dans la nature ; dans l'état naturel, le voleur est le riche, » Proudhon a prêché cette doctrine.

Brissot célèbre le communisme le plus complet, le plus brutal ; l'accouplement des femmes otahitiennes le transporte : « Ils sont époux, dit-il, ils ne se font point de serments, ils s'aiment parce qu'ils ont besoin de s'aimer. Ce besoin satisfait, le titre d'époux disparaît ». Parler ainsi, c'était faire du communisme la tentation grossière de tous les appétits et de tous les vices.

Ne dirait-on pas que le droit de propriété est la première sauvegarde sociale et que, cette barrière franchie, tout système roule hors des voies de la nature et de la raison ! La philosophie du XVIIIe siècle

_____

(1) *Doutes sur l'ordre naturel et essentiel des sociétés.* — 1768.
(2) *Discours sur l'origine de l'inégalité.*

avait miné ce droit, et c'est en cela surtout qu'elle
nous paraît responsable des catastrophes qui suivirent; Bentham en Angleterre, Montesquieu en
France, Beccaria en Italie, ne faisaient reposer la
propriété que sur un privilége de la loi civile : « Droit
terrible, avait écrit l'illustre auteur du *Traité des
délits et des peines*, et qui n'est peut-être pas nécessaire. » Mirabeau, qui fut le tribun de cette école,
disait, en pleine Constituante : « La loi seule cons-
titue la propriété. » C'était donc assez de changer
la loi pour détruire la propriété.

Aussi, dans son *Projet de déclaration des droits
de l'homme*, art. 11, 12,... Robespierre inscrivit le
droit au travail, le droit à l'aumône, l'impôt progressif, et Marat proposa de réduire « MM. les
riches à la condition des sans-culottes, en ne leur
laissant pas de quoi se couvrir le derrière (1). »

Le bon sens de la Gironde protesta par la bouche
de Vergniaud : « Le maintien des propriétés est le
premier objet de l'union sociale; qu'elles ne soient
pas respectées, la liberté elle-même disparaît. »

Les Jacobins devaient reprendre l'œuvre du *bonheur commun*; battus aux émeutes de prairial an
III, puis amnistiés le 3 brumaire an IV, ils formèrent une société au Panthéon, sous la direction de
Babeuf, Buonarotti, Sylvain Maréchal, Antonelle.
Babeuf, dans le *Tribun du peuple*, avait pris pour
tâche « de désabuser progressivement les hommes
sur le droit de propriété,... et de rétablir les lois de
la nature, au prix d'une guerre sainte et vénérable ».
Le Directoire chargea Bonaparte de disperser le

(1) *Convention nationale*, Séance du 8 mai 93.

club; les babouvistes méditèrent alors une insurrection ; ils disposaient de 20,000 sans-culottes, Jacobins
ou mécontents. *L'acte d'insurrection*, art. 12, pres-
crivait l'extermination de tout opposant et, art. 14,
installait le peuple dans les meubles et maisons des
conspirateurs. Sylvain Maréchal avait donné la formule : l'égalité ou la mort! Les babouvistes furent
trahis par un complice effrayé de leur programme;
on les jugea à Vendôme, et Babeuf fut exécuté après
avoir tenté de se donner la mort.

Le xixe siècle a vu naître beaucoup de systèmes
communistes; nous les examinerons rapidement,
car aucun n'apporte le remède spécifique. Robert
Owen déclare « au monde entier, que l'homme jusqu'à ce jour, sur tous les points du globe habitable,
a été l'esclave de la monstrueuse trinité de la propriété, des religions, du mariage » (1); la colonie,
établie par ses soins et d'après ses théories, à New-
Lanark, près Glasgow, prospéra quelque temps; mais
la *Commune absolue*, New-Harmony, qu'il fonda,
en 1823, aux Etats-Unis, fut dissoute, après avoir dé-
voré sa fortune, de près de 13 millions de francs.
Owen créa alors une banque, *National labour equita-
ble exhange*, dans le but d'abolir l'argent : l'heure de
travail était la valeur représentative; le proverbe
américain, le temps est de l'argent, fût devenu une
formule économique. La faillite survint au bout de
quelques mois; ses entreprises successives eurent le
même sort; il mourut, en 1859, pauvre, oublié, à
l'âge de quatre-vingt huit ans.

L'école Saint-Simonienne primitive ne fut pas

_____

(1) *Declaration of intellectual independence.*

communiste ; elle reconnaît la supériorité de l'homme de travail, en prenant pour devise : « tout pour l'industrie, tout par elle (1) » ; elle parle « pour les industriels contre les courtisans et contre les nobles, pour les abeilles contre les frelons (2) ». On connaît la célèbre boutade (3) qui valut à Saint-Simon des poursuites judiciaires terminées par un acquittement : « Si la France perdait en un jour ses cinquante premiers physiciens, ses cinquante premiers peintres... en tout trois mille savants, artistes, industriels, il faudrait à la France plus d'une génération pour réparer ce malheur ; tandis que si elle perdait la famille royale, les ministres, cardinaux.... les dix mille propriétaires les plus riches, en tout trente mille individus, réputés les plus importants de l'état, la France les remplacerait aisément ; elle pourrait en ressentir du chagrin, mais elle n'en ressentirait à coup sûr aucun mal. »

Le communisme de Cabet (4) et de Fourier (5) n'est nouveau que par des aperçus philosophiques ou physiologiques, qui aboutissent aux mêmes conclusions.

Le problème particulier de l'organisation du travail a inspiré des systèmes moins radicaux : là est le vrai problème social, et par conséquent l'intérêt précis de la question. Nous ne parlerons pas des communistes, qui mettent le travail en commun, ni des Saint-Simoniens, qui font de l'Etat une banque organisée, et proportionnent le *salaire* à

(1) Saint-Simon. — *L'industrie ou Discussions politiques...* etc.
(2)   id.   *Adresses aux philanthropes.*
(3)   id.   *La Parabole.*
(4) *Voyage en Icarie.*
(5) *Le Phalanstère ou la réforme industrielle.*

la *capacité* et aux œuvres, mais des systèmes spéciaux applicables ou même appliqués.

Il faut classer à part la théorie de M. Pierre Leroux (1), qui, dans sa *patrie-humanité*, n'exige pas même de travail. M. Pierre Leroux a considéré l'homme comme consommateur et comme *restituteur* ; c'est ce qu'il nomme, en latin, la loi du *circulus*, dont la formule est : l'homme restitue plus qu'il n'absorbe. « L'homme qui se refuserait au travail, dit-il, aurait encore le droit de vivre en se mettant à l'abri sous la loi du *circulus ;* seulement il ne serait plus ni citoyen, ni associé, ni fonctionnaire. »

Nous savons des gens sur qui cette peine ne serait pas d'une grande efficacité. M. Leroux croyait en une espèce de Dieu qu'il avait inventé ; il est mort pendant la Commune ; la Commune a envoyé une députation à ses funérailles, en protestant contre ses idées mystiques !

Nous restons en face de trois solutions :

Le droit au travail, de M. Louis Blanc ;

Le droit à la possession de M. Proudhon ;

Le droit au capital, de l'Internationale.

L'expérience a fait justice des idées de M. Louis Blanc.

Du droit au travail, proclamé par l'art. 7 de la constitution du 20 juin 1848, et modifié après les journées de Juin, M. Louis Blanc tira la nécessité de confier au gouvernement la direction et la responsabilité suprême de la production. S'il n'y a plus d'industrie privée, il n'y a plus de propriété, plus d'hérédité, et M. Louis Blanc sacrifie l'une et l'autre.

______

(1) *De l'humanité.*

On créa donc des *ateliers sociaux;* les capitalistes toucheraient l'intérêt du capital prêté, mais ils ne participeraient aux bénéfices qu'en qualité de travailleurs ; cette unité d'action et d'intérêts tuerait la concurrence, « combat atroce, combat qui ne peut faire de vainqueurs sans faire de vaincus, et qui, comme tous les combats, attelle des esclaves aux chars des triomphateurs (1). » A la *rétribution par capacités* de l'école Saint-Simonienne, à *l'égalité absolue* des communistes *a priori*, M. Louis Blanc opposait la *hiérarchie des capacités,* et *le droit à la consommation selon les besoins.* Mais les ateliers organisés, ridiculement au champ de Mars, fraternellement rue de Clichy, durent fermer, malgré les secours de l'Etat.

Ces faits sont encore plus péremptoires que les arguments par lesquels MM. Michel Chevalier et Léon Faucher, entre autres, réfutèrent le droit au travail.

Proudhon, qui a combattu tour à tour tous les systèmes, sans donner lui-même un exposé net et complet de ses idées, a condamné le droit au travail : « Je n'entends pas par *droit au travail* l'établissement aux frais de l'état, des départements ou des communes, de travaux publics propres à employer les bras inoccupés. Avec ce régime, loin d'éteindre le prolétariat, on le ferait pulluler (2). » Il le jugeait d'une telle importance qu'il disait au comité des finances de 1848 : « Donnez-moi le droit au travail, et je vous abandonne le droit de propriété. » Ce puissant esprit, nourri de la métaphy-

(1) Louis Blanc. — *Organisation du travail.*
(2) Proudhon. — *Le droit au travail et le droit de propriété.*

sique allemande des antinomies kantiennes, s'est efforcé de prouver les *contradictions économiques*, par la fausseté de la thèse et de l'antithèse, pour aboutir à une synthèse vague, indéterminée, qu'il appelle la liberté. Voici un exemple de sa méthode :

« La propriété, (thèse), c'est le vol ; il ne se dit pas, en mille ans, deux mots comme celui-là (1) ! »

« Le communisme, (antithèse), supprime tant de mots, tant d'idées, tant de faits, que les sujets formés par ses soins n'auront plus le besoin de parler, de penser, ni d'agir : ce seront des huîtres, attachées côte à côte, sans activité ni sentiment, sur le rocher.... de la fraternité. (2) »

« La liberté, (synthèse), est la *possession ;* l'état est seul propriétaire, l'hérédité bornée aux instruments de travail ; plus de loyers, ni de fermages. (3) »

Il est plus aisé de dire ce que Proudhon n'est pas, que de comprendre ce qu'il peut être. Comme gouvernement, il préfère l'*anarchie*, mais l'étymologie, science qu'il possédait à fond, l'excuse ; $\grave{\alpha}$-ν-αρχία n'est, exactement, que l'absence d'un pouvoir central ; il ne l'abolit pas d'ailleurs, il le transporte seulement du Palais-Bourbon à l'Institut : « La science du gouvernement appartient de droit à l'une des sections de l'Académie des sciences, dont le secrétaire perpétuel devient premier ministre ; et, puisque tout citoyen peut adresser un mémoire à l'Académie, tout citoyen est législateur. (4) »

Etait-il socialiste ? Non : « Le socialisme est une

____

(1) Proudhon. — *Système des contradictions économiques.*
(2)   Id.   — Ibid.
(3)   Id.   — *Qu'est-ce que la propriété ?... passim.*
(4)   Id.   — *Qu'est-ce que la propriété ?*

logomachie. Je le déclare, en présence de ce sensualisme éhonté, de cette littérature fangeuse, de cette mendicité sans frein, de cette hébétude d'esprit et de cœur qui commence à gagner une partie des travailleurs, je suis pur des infamies socialistes. (1) »

Etait-il humanitaire? Pas davantage : « Je nie le dévouement, c'est du mysticisme. Parlez-moi de doit et d'avoir, seul criterium du juste et de l'injuste, du bien et du mal dans la société. (2) »

Il ne voulait ni de l'impôt progressif « qui se résout en un déni de justice, une défense de produire, une confiscation, » ni des impôts somptuaires, « car luxe est synonyme de progrès : c'est, à chaque instant de la vie sociale, l'expression du maximum de bien-être réalisé par le travail. (3) »

On cherche vainement, à travers les négations ardentes et multipliées de Proudhon, sur quoi s'appuie le droit à *la possession*, sous quelle forme il s'organise : ses idées, d'une intensité étrange, ont passé sur ces problèmes avec la fureur et la stérilité de l'ouragan.

Aujourd'hui, l'*Association internationale des travailleurs* invoque le *droit au capital;* ce ne sont plus des théoriciens qui dissertent, c'est une société ouvrière, nombreuse, qui veut réaliser son programme, dont elle a puisé les idées dans les associations coopératives d'Angleterre.

La société coopérative peut avoir un double but : société de consommation (4), ou société de produc-

---

(1) Proudhon, *Système des contradictions économiques.*
(2)   *Ibid.*
(3)   *Ibid.*
(4) Dans *le Travail*, M. Jules Simon décrit, au point de vue

tion (1) ; la seconde seule est une forme de l'organisation du travail, quoique la première contribue
également au bien-être et à l'aisance du travailleur.
Eliminer tout intermédiaire entre le producteur et
le consommateur, tel est le principe de la société
coopérative ; le bénéfice de l'intermédiaire, du marchand, est prélevé en effet sur le producteur et
sur le consommateur; ceux-ci ne peuvent donc que
gagner à s'entendre directement, autant que possible, et comme ce n'est pas toujours possible, le
marchand reste nécessaire, en dépit de certains systèmes qui le suppriment complètement. Le nombre
des intermédiaires est d'ailleurs assez grand, pour
qu'on essaie de le restreindre peu à peu.

Les *Trades-Unions* d'Angleterre sont un premier
pas en ce sens. Depuis 1824, les ouvriers anglais
avaient le droit de se coaliser librement, et par ce
moyen, de traiter d'égal à égal avec les patrons ;
une union étroite pouvait même leur permettre
d'imposer leurs volontés, le jour où ils disposeraient
de ressources suffisantes pour alimenter les *grèves*.
Des associations de métiers se formèrent, et consti-
tuèrent par des taxes d'entrée et des cotisations heb-
domadaires, de 12 centimes à 1 franc 50, mais *égales
pour les membres d'une même association*, des
caisses de grève et de chômage ; un conseil de surveillance fut élu annuellement au scrutin secret,
pour être l'organe des ouvriers et régler tous les rapports avec les patrons.

de l'épargne, les bienfaits des Sociétés coopératives de consommation, en Angleterre.

(1) *Les associations ouvrières en Angleterre, Trades-Unions,*
par M. le comte de Paris.

Cette force, contre laquelle fléchit plus d'une fois la puissance du capital, permit aux ouvriers anglais d'obtenir des salaires plus élevés et la diminution des heures de travail : sur ce dernier point la proposition, acceptée, de payer le travail par heures et non plus par journée, a concilié toutes les prétentions. La caisse est aussi une caisse d'épargne et une caisse de secours mutuels ; elle permet de soutenir de longues grèves ; l'Internationale a pour mission d'étendre l'union dans le monde entier.

Les *Trades-Unions* mettent ainsi peu à peu, entre les mains de l'ouvrier, un capital accumulé par l'épargne ; mais le capital est nécessaire au début, à la fondation même de la société coopérative et, dans les conditions actuelles, l'ouvrier doit subir ses exigences. C'est vis-à-vis du capital que les théories de l'Internationale cessent d'être justes et acceptables, et paraissent à bon droit entachées de communisme.

En face du capital, dont elle a besoin, l'Internationale nie la légitimité de l'intérêt, et comme représentant le travail d'aujourd'hui, se déclare *créancière*, vis-à-vis de la société, du travail non consommé d'hier, ou du travail accumulé, c'est-à-dire du capital.

Le travail d'hier ou capital, prêté, dit-on, ne peut exiger comme remboursement qu'un travail équivalent : or nous sommes les travailleurs, donc nous avons droit au capital, sans autre intérêt que notre travail même, ou pour tout dire, sans intérêt. — Le capital n'est autre chose que des produits transformés ; en échange de votre capital nous vous donnons des produits : c'est l'échange, dans sa forme la plus directe.

Cette *créance*, si elle est admise, ne mène à rien moins qu'à l'abolition de l'hérédité, en niant le droit de transmission du travail accumulé ; à l'abolition de la propriété, au profit d'une possession limitée aux besoins ; à l'obligation effective du travail pour tous ; à l'inutilité de l'épargne, puisque le travailleur n'a aucun droit personnel au travail non consommé devenu dette sociale ; au découragement de toute initiative individuelle ; au mécanisme humain ; au parasitisme forcé des paresseux et des incapables, à moins de faire de l'État une grande maison pénitentiaire dont les surveillants formeraient le gouvernement : en deux mots, à l'égalité correctionnelle. L'Internationale accepte ces conséquences : « Peut-on supposer l'égalité possible avec l'idée de rentes ?.. le but de l'association est d'amener, par les voies scientifiques, — et pacifiquement, s'il est possible, — le prolétariat à l'émancipation, à l'égalité de droits, non plus en théorie, mais en pratique. » (1).

En fait et en droit, le capitaliste n'a qu'à répondre : Par le travail, par l'épargne, mon père ou moi avons amassé ce travail accumulé que vous appelez le capital : ce capital est bien à moi, car, pièce par pièce, il représente chaque minute de ma vie, honnête, laborieuse ; chacune de ces pièces est une privation que je me suis imposée, c'est le travail prolongé jusque dans la nuit, ce sont mes veilles, mes inquiétudes, le prix de mes fatigues, c'est ma volonté réalisée, et aussi vrai que la pensée de mon âme est à moi, le fruit de mon activité n'appartient qu'à moi. J'étais comme vous, faites comme moi, tra-

(1) *Mémoire des délégués français au congrès de Genève*, 1865-66.

vaillez, économisez ; la société vous aidera, et vous
enrichira. Mais respectez mon travail, mon droit !. .
Et pourquoi les malheureux, perdus de débauches et
de vices, ne viendraient-ils pas aussi me demander
compte du sang vermeil que je donne à mes enfants?..

Les fausses théories n'ont chance de réussir que
dans les milieux où l'on ne veut pas même accepter
les théories justes : résistance appelle violence. Il est
bon de le répéter sans cesse : le remède est dans la liberté. L'Angleterre l'a reconnu depuis 1824 ; les ouvriers anglais sont mieux payés, mieux nourris
qu'ailleurs, ils produisent à meilleur marché, et nous
ne voyons pas que l'industrie anglaise en ait souffert.
Effaçons de nos lois les dispositions contraires à la
liberté de coalition et aux associations coopératives ;
il y aura un moment, une période pénible à traverser,
c'est la condition et le signe d'un progrès : l'Angleterre en a fait l'épreuve, essayons à notre tour.

On raconte que Voltaire rencontrant un mendiant
lui refusa l'aumône : Il faut pourtant bien que je
vive, dit le mendiant. — Je n'en vois pas la nécessité, repartit le philosophe. Sous cette cruauté apparente, il y avait une vérité. Le mendiant est le
véritable parasite. Pour n'en plus avoir, il est plus
urgent de sanctionner le devoir du travail, que de
supprimer violemment les droits acquis par le travail. Contre de criminelles tentatives, n'est-il pas
opportun de combattre l'idée fausse de l'ἀνάγκη social, les prétentions irréalisables à l'égalité des conditions, et d'affirmer la vérité et la justice en proclamant la liberté des droits et l'égalité des devoirs?

IDÉE ANTI-RELIGIEUSE

Après avoir examiné le problème d'égalité que
pose l'idée sociale, nous nous trouvons en face de
la question de liberté que soulève l'idée religieuse.

Pour discuter le fait au point de vue politique, le
principe de liberté est le meilleur guide entre les
prétentions de deux partis extrêmes, l'un supprimant brusquement l'Eglise dans son existence et
dans ses droits, l'autre au contraire exagérant son
pouvoir, et substituant à la juridiction intime des
âmes une omnipotence toute terrestre et des prérogatives de caste, en désaccord formel avec la lettre
et l'esprit de l'évangile de pauvreté, d'obéissance et
d'humilité.

Que des hommes aient le droit de se réunir où et
quand il leur plaît, de prier suivant un rite et des
formules convenues, qui peut en douter ? Rien
n'est plus sacré dans l'homme que le libre élan de
sa conscience vers l'infini ; respect à ceux qui prient,
à ceux qui interrogent le mystère qui a plissé d'une
ride profonde les plus hauts fronts de l'humanité. Au

delà du mode de la prière, variable, souvent personnel, il y a le sentiment religieux, vrai, éternellement humain : « Toute expression méprisante ou légère est déplacée, a dit un libre penseur, quand il s'agit des pratiques d'une religion. L'esprit souffle où il veut; s'il lui plaît d'attacher l'idéal à ceci, à cela, qu'avez-vous à dire ? »

Le sentiment religieux, suprême épanouissement du sens moral, est un des plus élevés de l'âme : il s'exprime chez chaque peuple, en chaque climat, sous mille formes variées, d'autant plus grossières et sensibles que l'intelligence qui se le représente est plus inculte et plus bornée; le plus grand nombre, à qui l'abstraction métaphysique est inaccessible, s'arrête à la figure qui sollicite ses sens, et c'est ainsi que, pour la foule, le culte et les cérémonies deviennent le support et l'expression vivante de la loi morale, tout en livrant d'ailleurs à son vague et tremblant besoin d'idéal, le fantôme insaisissable et mystérieux du dogme.

Rien ne heurte plus violemment, ne bouleverse plus profondément le sens moral populaire que de briser brutalement cette forme respectée, à laquelle l'attachent les traditions de l'enfance, la crainte salutaire de la mort et le pieux ressouvenir de ceux qui ne sont plus; les religions sont véritablement des bienfaits sociaux, car elles élèvent le mieux le niveau de la moralité humaine.

Mais c'est le sort des institutions de ce monde que les idées les plus légitimes soient compromises par l'abus auquel elles prêtent en de certaines mains. Autant la religion consolatrice et moralisatrice est vénérable, autant elle devient odieuse chez ceux qui en font un instrument de domination, un chemin de fortune et d'ambition ; nous ne parlons pas au nom de la foi, qui a le devoir d'être aveugle, nous parlons au nom de la justice et de l'histoire : l'hypocrisie des choses saintes s'est vue souvent.

Les premiers gouvernements ont été des théocraties, et dans l'antiquité la religion est demeurée le plus ferme *instrumentum regni*. La plus haute expression de la puissance romaine, le premier titre des Césars était *Imperator Pontifex Maximus*, commandant aux armées et aux consciences : le monde antique vécut sous cette formidable dualité. Le christianisme l'ébranla profondément, en distinguant nettement la foi de la politique, et en face de l'isolement des peuples, de la nationalité des cultes, de la diversité des gouvernements, en annonçant à tous l'unité fraternelle de la conscience du genre humain. Quel réformateur que le Nazaréen qui séparait tout d'un coup l'Eglise de l'Etat, par cette parole décisive : Rendez à César ce qui est à César, et à Dieu ce qui est à Dieu ; qui réunissait les âmes dans la philosophie universelle de la charité et de la prière, abolissant les temples et les cultes, égoïstes et par conséquent ennemis : « Car le temps vient où les vrais adorateurs n'adoreront plus le père sur la montagne ni dans le temple, mais en esprit et en vérité. » (1) De là, haine mortelle des princes, des pharisiens et des prêtres.

Nous sommes loin de ces doctrines, nous sommes loin du temps où Saint Jean appelle tous les chrétiens *regnum et sacerdotes Deo* (2), et Saint Pierre les hé-

(1) *Evangile de* St Jean, cap. IV.
(2) *Apocalypse*, I, 6.

ritiers de Dieu, κλῆροί, le clergé, où Tertullien disait :
Nonne et laïci sacerdotes sumus? (1).

La tribu de Lévi se reconstitua promptement ; la
nouvelle caste des prêtres renoua l'alliance avec le
pouvoir civil dès Constantin, et troubla bientôt par
des disputes byzantines la limpide clarté du simple
évangile de fraternité et d'amour. Quel destin ! Avec
le temps, l'église populaire deviendra l'amie flattée
des rois, le doux pasteur de la brebis égarée se fera
le pourvoyeur de l'Inquisition, et quand le peuple,
dans son long martyre qui s'appelle le moyen-âge,
cherchera des yeux et du cœur le représentant du
divin couronné d'épines, on lui montrera, dans les
splendeurs d'un palais, un impassible vieillard au
front sévère, incliné sous le poids des trois cou-
ronnes d'or de sa tiare orientale.

Chez ce peuple, trouvant trop lourd le joug que
le Christ voulait si doux, beaucoup se voueront au
diable, et quitteront la messe pour le sabbat, folle
messe des désespérés. Les autres tireront de leur mémoire et de leur imagination une religion nouvelle,
empreinte d'un naturalisme instinctif, la religion
de la légende fleurie et animée des beaux saints
aux robes d'or, mêlant à ces touchants tableaux les
objets et les êtres familiers, et cherchant la personnification des vertus et des vices dans un *zoomo-
phisme* ingénieux et naïf, origine non encore entre-
vue et pourtant certaine de la longue épopée des
fabliaux et des romans (2).

____

(1) *De exhortat. castitat.* VII.
(2) De là dérivent aussi les caractéristiques des saints. Les
fables de l'antiquité, qui mettent également les animaux en
scène, restent ignorées jusqu'à la Renaissance.

Il arrivera ainsi que le peuple, au jour de ses vengeances, confondra dans la même haine les deux pouvoirs qui se sont unis contre lui, et que, comme on le voit trop souvent, les plus innocents paieront pour les plus coupables.

Dans son *Histoire de la Révolution Française*, M. Michelet montre d'un mot à quelles conséquences fatales mène l'ingérence du clergé dans la politique; sa question est pressante : « Les amis de la liberté politique peuvent-ils pactiser avec les ennemis de la liberté religieuse? »

La Commune de 1871, dans sa lutte à outrance contre toute autorité qui n'émanait pas d'elle, se servit des mêmes armes, bien émoussées aujourd'hui : « Considérant que le clergé a été le complice des crimes de la monarchie contre la liberté, la Commune de Paris décrète : (1)

L'Église est séparée de l'État ;

Le budjet des cultes est supprimé;

Les biens, dits de main-morte, appartenant aux congrégations religieuses, sont déclarés propriétés nationales. »

Ce décret ne précéda que de deux jours l'arrestation de l'Archevêque de Paris, de M. Deguerry, curé de la Madeleine, des P. Jésuites, et d'autres victimes, comme otages entre les mains de la Commune, réponse à cette note du *Journal officiel* de Versailles : « Quelques hommes reconnus pour appartenir à l'armée et saisis les armes à la main ont été passés par les armes suivant la rigueur de la loi militaire qui frappe les soldats combattant leur drapeau. »

____

(1) Décret au journal officiel du 3 avril.

Vengeances cruelles, représailles de la guerre civile, crimes sans pitié! Voilà ce qui reste à raconter, à maudire.

Pourquoi principalement contre les prêtres? Parce qu'ils n'avaient pas fui, parce qu'ils étaient là; sans compter la fureur de l'égalité, se réveillant à la seule pensée d'une classe autrefois largement privilégiée, et la tentation des riches églises, et le calme forcé du prêtre au milieu de la fièvre de poudre et de sang, enfin l'aveugle réaction du mal, de l'immoralité débordée. La populace, avant même la Commune, visait deux ennemis : le prêtre et le gendarme. Le 18 mars les mit en ses mains. Il y avait, dans cette Commune, un homme, qui se fit l'exécuteur infatigable des honteuses passions d'en bas; nous l'avions vu traîner autrefois sur les pavés du quartier latin sa paresse sordide et sa *blague* obscène : on le croyait fou, et il l'était, mais d'une folie raisonnée, implacable. Il disait bien haut qu'il était athée, collectiviste, synonyme pour lui de voleur, et il voulait, disait-il, remplacer la guillotine par une batterie électrique de son invention « qui foudroierait cinq cents réactionnaires à la minute. » Ses intimités avec les « citoyennes prostituées » lui avaient donné des habitudes de langage dont il ne se départait que quand la fureur de ses attaques contre Dieu l'emportait hors de lui-même. Ce fut devant ce misérable, Raoul Rigault, que comparut l'Archevêque de Paris. Comme le vénérable prélat prononçait quelques paroles de paix : « Quant à votre blague, lui répondit Rigault, nous la connaissons; voilà dix-huit cents ans que vous nous la faites. »

Quelques jours plus tard, M. l'abbé F. étant allé demander à Rigault, qui occupait la préfecture de police, l'autorisation de voir les otages, celui-ci avait donné un laissez-passer « au citoyen F. se disant serviteur d'un nommé Dieu. »

Dans un journal qu'il avait fondé en novembre 1868, et qu'il avait bien nommé *le Barbare*, Rigault avait exposé ses principes grossièrement matérialistes : « Qu'il suffise au public de savoir que nous avons l'intention de donner un nouvel organe à l'athéisme. Nous montrerons la révolution se développant par l'athéisme; nous la montrerons arrivée à son apogée avec la Commune de Paris, avec le réquisitoire anti-religieux de Chaumette, avec le journal spirituel et profond d'Hébert. »

Dans la question religieuse, sous la Commune de 1871, Rigault fut à peu près seul de son parti, isolé par l'ardeur même de sa haine. Nous retrouverons au chapitre des Crimes le principal auteur de la loi des otages, le lâche assassin de Chaudey.

Les politiques de la Commune suivaient plutôt un plan de réforme générale que les idées de violence auxquelles se laissèrent aller quelques-uns de ses membres. Ils ne furent pas absolument hostiles au culte et l'on ne saurait dire précisément, avec M. de Pressensé, qu'il y eût, sous le gouvernement du 26 mars, une irréligion d'état : les églises, déclarées propriétés de la nation, étaient malheureusement ouvertes aux clubs, mais le service religieux n'était pas interrompu ; nous savons une église qu'on avait divisée en deux; à Saint-Sulpice, l'office du mois de Marie eut lieu tous les jours, à cinq heures du soir; à huit heures, se tenait le club ; plusieurs

prêtres furent sauvés par Régère et par Verdure.
Les perquisitions, les vols et pillages furent le plus
souvent l'œuvre de bandes libres, de rancunes ou
de misères personnelles, assurées de l'impunité en
de tels troubles ; l'intérêt de la Commune lui défendait d'irriter inutilement aucune opinion. Les
clubs s'installèrent dans les églises abandonnées
par leurs prêtres, à Notre-Dame-des-Champs par
exemple, mais la Commune, tout en occupant les
églises comme biens nationaux, se proposait de les
louer aux fidèles pour l'exercice du culte (1); elle
ne prit même aucune mesure générale concernant
les cultes ; le premier arrêté, qui déclare l'enseignement exclusivement laïque, « laissant entièrement l'instruction religieuse ou dogmatique à
l'initiative et à la direction libre des familles, » est
pris par la municipalité du XVIe arrondissement (2) ; l'arrêté qui change les noms « des salles
des hôpitaux et des hospices ne rappelant à l'esprit que des souvenirs du fanatisme » (3) est dû
au directeur de l'asssistance publique, Treillard ;
le rapport odieusement absurde et ridiculement
emphatique sur les *Crimes* de l'église Saint-Lau-
rent part de la municipalité du XIe arrondissement (4) ; une seule note du membre de la Commune délégué à l'enseignement enjoint de « faire
disparaître des écoles les crucifix, madones, et
autres symboles, dont la présence offense la liberté
de conscience (5), » mesure déjà prise sous le gou-

(1) Séance de la commune du 3 mai 1871.
(2) *Journal officiel de la Commune* du 13 avril.
(3) *Journal officiel de la Commune* du 9 mai.
(4) *Journal officiel de la Commune* du 21 mai.
(5) *Journal officiel de la Commune* du 12 mai.

vernement du 4 septembre par le maire du XIᵉ arrondissement. On ne peut pas imputer exclusivement à la haine religieuse les crimes atroces qui ensanglantèrent les derniers jours de la Commune : il y eut parmi ces martyrs des hommes de toutes les conditions; et le malheureux sergent de ville noyé à trois reprises par la foule ameutée, les gendarmes de la rue Haxo, victimes de leur devoir et plus attachés à la vie étant pères, sont aussi grands aux yeux de la pitié et de la justice que l'infortuné et éminent archevêque de Paris.

La conduite de la Commune dans les questions religieuses marque pourtant un progrès de tolérance sur les révolutions antérieures.

Pendant les persécutions des trois premiers siècles, l'Eglise fut admirable de courage et de charité; l'alliance avec le pouvoir politique des Césars, vers 323, lui fit bientôt perdre sa liberté, sa simplicité primitives; dès 325 s'assemble à Nicée le premier concile qui fonde le dogme. Les évêques, favoris du prince, enrichis, revêtus d'un pouvoir politique (*Defensores civitatis*), gouvernèrent réellement pendant six siècles ; en Gaule, ils appelèrent Clovis converti, lui livrèrent les royaumes des *Ariens* ; pour secouer leur joug, pour rompre leur vieil attachement à la docile famille de Mérovée, Pépin, fondateur de dynastie, leur oppose le pape, est sacré par lui ; sa reconnaissance offre une principauté à qui lui donnait un royaume, et la papauté timide, humble jusqu'alors, va se dresser sur le monde, tenant d'une main les clefs qui ouvrent le ciel, et de l'autre l'épée qui gouverne la terre : la loi de l'Eglise et le droit de la force, n'est-ce pas tout le moyen-âge, sorti de là ?

Ainsi, par une étrange contradiction, les ministres de la religion à Rome, n'étant pas exclus des charges de la société civile, s'embarrassèrent peu de ses affaires; les premiers prêtres chétiens, plus séparés des affaires du monde, s'en mêlèrent avec modération; et les moines du Bas-Empire ne cessèrent d'agiter ce monde qu'ils avaient quitté. (1)

Le clergé prit une belle part dans la curée féodale; l'église et le monastère se dressèrent en face du château, souvent fortifiés aussi, quoique assez protégés par l'arme autrement terrible de l'excommunication. Trois longs siècles sont remplis du bruit des querelles acharnées entre le couvent et le donjon, pilleries des gens d'armes, plaintes des moines, sac des églises, imprécations et anathèmes contre les châteaux, et à la fin, quand le seigneur est vaincu, épuisé contre cet ennemi qui se recrute sans cesse et ne s'affaiblit jamais, capitulations, rançons, donations interminables à cette Eglise, dont le fondateur avait dit : « Vendez ce que vous avez, et suivez-moi; » et encore : « Qu'il est difficile à ceux qui possèdent des richesses d'entrer au royaume du ciel! »

Le peuple, lui, serf de la glèbe, serf de l'évêque ou du seigneur, foulé, piétiné par ces guerres sans fin, souffre, se plaint tout bas, se révolte parfois, n'y tenant plus.

Son instinct religieux cherche une religion, des prêtres, autres que l'évêque batailleur, que le moine adonné à large et douce vie, que le bas clergé op-

_____

(1) Montesquieu. — *Considérations*. Ch. XXII.

primé aussi : l'Église d'alors est pleine de vices ;
c'est elle qui l'avoue, les fréquents conciles du temps
le constatent sans relâche, et, paraît-il, sans succès.
Dès le xiii⁰ siècle, soulèvements populaires vers les
frontières d'Allemagne et des Pays-Bas ; les Bégards
se choisissent parmi eux des *apôtres*, des *frères de
la pauvre vie* (1) ; plus de prêtres, plus de seigneurs ;
Duns Scot fut contre eux le champion de l'Eglise ;
les seigneurs firent le reste.

Le xiii⁰ siècle popularise le mouvement anti-ca-
tholique du xii⁰ siècle, commencé par le rationa-
lisme d'Erigène et d'Abélard ; condamné et vaincu
dans l'école, il est recueilli et accepté par le peuple,
grâce à la littérature nouvelle où la reconnaissance
des trouvères paie en attaques mordantes contre
l'ennemi commun, le clergé, les faveurs du seigneur
féodal. Ces satires préparent Rabelais, et aident à le
comprendre ; Rabelais plus prudent, plus obscur
dans la forme, car les temps sont plus difficiles,
mais aussi terrible dans le fond, et dont le cri cyni-
que résume, sous l'énorme rictus du scepticisme,
un long passé de souffrances et de malédictions.

Le peuple aussi quand il rit, est désarmé ; la
satire peut être un moyen de gouvernement. Son
travail fini, aux jours de répit que lui fait l'Eglise
par ses fêtes, le roi et les grands par leurs tournois,
leurs entrées, leurs mariages, ou qu'il s'accorde lui-
même (la fête des fous par exemple), comme il raille,
le peuple, en ces saturnales d'esprit, qui le soula-
gent de la contrainte du respect ; c'est sa seule
liberté, et sans limite il en use ; il emplit gaiement

(1) Laurent de Mosheim. *De Beghardis*, p. 232.

l'escarcelle du hardi jongleur ou ménestrel qui lui dit le roman de « l'Evesque, » ou qui lui raconte les tribulations

> Du prestre qui menja les meures (mûres)
> Quand il devoit dire ses heures ;

la terrible vengeance d'un époux outragé dans « Le prestre qu'on porte, » la misère et les vertus du petit clergé populaire dans « Le povre clers, » le dénouement malencontreusement comique d'aventures très-fréquentes dans « Le Prestre teinct » avec sa moralité :

> Car fuissent or si atorné,
> Tuit li prestre de mère né,
> Qui sacrement de mariage,
> Tornent à honte et à putage.

Chaque vice est mis à nu, impitoyablement flagellé : l'opulence des moines dans « Le sacristain de Cluny ; » leur convoitise dans « Le dit de la vessie du curé, » et bien d'autres. Dans la grande épopée du XIIIᵉ siècle, le Roman du Renart, l'âne est l'archiprêtre.

Au milieu de tels désordres publics, éhontés, le matérialisme trace sa double voie, matérialisme de la science, affirmant six cents ans avant le docteur Gall la localisation de la pensée dans le cerveau, « l'intellect en avant, le discernement au milieu, la mémoire en arrière (1), » et matérialisme de l'ignorance : « Moult de simples gens ne scèvent quelle chose c'est de l'arme (âme), et que quant le corps est mort, qu'ils n'auront jamais ne bien ne mal : il est malvaise hérésie de le dire (2). »

Par instants, la protestation douloureuse et conti-

_____

(1) Itérius, bibliothécaire de l'Abbaye Sᵗ Martial, à Limoges. *Bib. nation Mˢ latin.* Nᵒ 1338, *fol.* 108.
(2) *Doctrinal des simples gens.* Mˢ *Bibl. nat.* Nᵒ 7885.

nue éclate ; en 1395 le peuple se soulève en Auvergne, en Limousin, en Poitou ; on coupait les doigts aux prêtres, on pendait les moines (1) ; ces incendies, rapidement éteints, prouvent le feu qui couve, et éclairent de lueurs vagues la masse humaine refoulée dans l'ombre de l'histoire.

L'Église est forte, puissante ; elle peut dédaigner les cris des faibles ; ses coups terrassent bien d'autres adversaires, et son pied vainqueur s'appuie sur la tête des empereurs et des rois, sans se soucier du peuple, qui, pareil à l'esclave antique, insulte d'en bas au triomphateur. Et pourtant la haine inspirée déborde partout ; découragé du ciel, le peuple prend l'enfer à témoin, il y condamne, il y traîne le prêtre, pape ou cardinal, aux portails mêmes de leurs églises, comme aux jugements derniers de Notre-Dame du Mans, ou de Saint-Jean à Nuremberg, aux murs de ses cimetières, dans ces ironies funèbres appelées danses macabres, à Bâle, au Charnier des Innocents, au Temple-Neuf de Strasbourg, et jusqu'aux fresques vengeresses du Campo Santo de Pise.

Et de ces grondements, s'élèvent parfois des voix formidables, l'indignation épique de Dante, la plainte touchante d'Alain Chartier, le rire strident de Rabelais, l'ironie incisive de Hutten. « O saincte mère Église, s'écrie l'ami de Marguerite d'Ecosse, tu fus fondée sur humilité ; tes ministres et prédicateurs de foy furent jadis en sang martyrez : et ils sont ades (maintenant) tirans d'argent et négociateurs de la terre (2). »

<hr>

(1) D'Argentré. — *Coll. Judic.* I, part. II, p. 153.
(2) Alain Chartier. — *L'Espérance ou Consolation des trois vertus.* Col. Duchesne, p. 305 (1120).

Ulric Hutten, « l'éveilleur, » ne précède Luther que de quelques années, et lance contre les « *Praevaricatores, hoc est Praedicatores,* » ou dominicains, ses *Epistolae obscurorum virorum*, les Provinciales de ce temps-là (1).

L'Eglise même parlait de réforme, quand Luther parut; si Luther n'eût attaqué que les abus, que le clergé, il aurait eu pour alliés, outre les seigneurs envieux des richesses ecclésiastiques, les oubliés, les opprimés; mais le protestantisme rationaliste, incompris du peuple, s'attaquait précisément à sa foi à lui, à ses douces légendes des saints, à ses miracles, à son beau culte embaumé d'encens, éblouissant d'or et de cierges : les fêtes de monseigneur Saint-Denis ou de monseigneur Saint-Jean n'étaient-elles pas les vraies fêtes du peuple (2), le peuple les aimait, il ne pouvait accepter l'austère Réforme.

La lutte religieuse donna l'élan, le prétexte à la lutte politique ; les dissidents devinrent des révoltés en France, comme dans les Pays-Bas, comme dans le Saint-Empire; l'action absorba tout, la parole resta au poignard et à l'arquebuse. Et que dire? Il y allait du bûcher. Rome en danger était inexorable; ses moines inventaient l'inquisition, raffinaient la torture (3), ne pardonnaient jamais.

De pareilles querelles, les esprits sortaient épuisés, nullement convaincus, également las de catho-

______

(1) Hutten soutenait Reuchlin dans sa lutte en faveur des auteurs profanes contre les livres sacrés : sa verve est inépuisable, acérée, bien peu allemande (1514).

(2) Foires aujourd'hui, toute foire ancienne a pour origine un pèlerinage.

(3) Voyez la chambre des tortures à Nuremberg, spectacle horrible !

licisme et de réforme, également éloignés de Rome et de Genève. Les coups d'épées, les batailles gagnées, les traités jurés et rompus ne prouvent pas la vérité, que les compromis, tôt ou tard inévitables, finissent par sacrifier. L'âme, qui aspire alors au repos à tout prix, s'endort sur « l'oreiller le plus commode pour une tête bien faicte, » scepticisme de l'indifférence, ou se résigne à ne plus croire devant les antinomies de la foi, scepticisme rationnel. Le premier plaît à Montaigne :

Carpamus dulcia,

dit-il avec Perse,

                          nostrum est
    Quod vivis : cinis, et manes, et fabula fies.

Son « desseing est de passer doulcement et non laborieusement ce qui lui reste de vie; » il fuit les opinions extrêmes et son symbole religieux est court : « Nous sommes chrestiens à mesme titre que nous sommes ou Périgordins ou Allemans (1). » Le second désole Pascal, le vrai, le sincère Pascal (2), non pas l'auteur corrigé par les pieuses mains de Port-Royal; « le silence éternel de ces espaces infinis m'effraie, dit-il; » si vous voulez croire, « suivez la manière par où les autres ont commencé; c'est en faisant tout comme s'ils croyaient, en prenant de l'eau bénite, en faisant dire des messes. Naturellement même cela vous fera croire et vous abêtira. » Le titre d'un de ses chapitres pose la conclusion : « INFINI, RIEN (3)! »

(1) *Essais.* I, 38 — II, 10 — II, 12.
(2) Restitué par M. Cousin, d'après les manuscrits.
(3) Ms. page 3.

Ce scepticisme inquiet n'attaque que les âmes naïves et droites, sans faire école comme l'épicurisme de Montaigne, ou le pyrrhonisme de Bayle. Le *Dictionnaire historique et critique* de ce dernier a été l'arsenal où le siècle suivant a trouvé ses meilleures armes contre les idées religieuses, et d'où il a dégagé ses plus habiles arguments, enfouis dans les obscurités d'une critique laborieuse ou dans les subtilités du paradoxe.

Le XVIIIᵉ siècle naît et grandit dans ce scepticisme ; le haut clergé lui-même ne croit plus à rien : sorti des caprices du Régent ou de la Pompadour, que pouvait-il être ? L'incrédulité est à la mode, être déiste passe presque pour une faiblesse. D'Holbach offre à l'athéisme une hospitalité élégante et recherchée ; Helvétius expose le matérialisme le plus formel dans son livre *De l'esprit*, dont Mᵐᵉ du Deffand assurait qu'il révélait le secret de tout le monde ; Diderot meurt en déclarant que « le premier pas vers la philosophie, c'est l'incrédulité, » et on l'enterre tout droit à Saint-Roch, dans la chapelle de la Vierge.

Les déistes sont encore plus ardents. « Écrasez l'infâme ! » s'écrie Voltaire ; il nie et raille la révélation, dont Rousseau conteste la nécessité morale et la possibilité historique.

La vieille société monarchique et religieuse court ainsi follement à l'abîme ; le trône et l'autel seront renversés ensemble, pour être plus tard relevés ensemble ; de là une alliance indissoluble, une étrange solidarité de fortune qui ne peut désormais qu'être fatale à l'Église.

Quand la révolution fut lancée, ni la royauté, ni l'Église n'étaient capables de résister au choc.

Les prêtres ne se défendaient plus eux-mêmes ; ils s'étonnèrent de voir la bourgeoisie appliquer ces maximes qu'ils avaient si complaisamment écoutées de la bouche des philosophes, et quand le peuple vint annoncer à ces prélats d'orgueil, à ces abbés d'amour, qu'il fallait redevenir prêtres, que la joyeuse folie avait duré assez longtemps, qu'on devait renoncer aux boudoirs, aux festins, aux riches prébendes, ils résistèrent ; le haut clergé du moins ne voulut rien entendre.

Les biens immenses, dont la piété des fidèles les avait constitués dépositaires, non propriétaires (lisez toutes les chartes du moyen âge, *propter eleemosynas, ad missam celebrandam*), et auprès desquels les pauvres mouraient de faim, d'impôts, de misère, on les leur redemanda ; l'Assemblée constituante offrait un budget énorme de cent trente trois millions, trois fois plus qu'aujourd'hui ; le moindre prêtre eût eu 1200 livres de revenu ; mais les évêques ne considéraient que leur mense diminuée, ils protestèrent ; quand on parla de supprimer les dîmes, l'archevêque d'Aix qui n'avait que 32,000 livres de revenu épiscopal, s'écria : « On nous a donc fait venir pour nous égorger ! » Ajoutez que le clergé fut le dernier à avoir des serfs en France, même après que la noblesse eût renoncé au servage dans la nuit du 4 août.

Pour provoquer de telles alarmes, que demandait donc à ce moment la nation ? Peu de chose : « les prêtres de la loi de Jésus-Christ, disait-on, possèdent, entre autres, cet avantage précieux, c'est qu'en les rappelant à leurs fonctions et à leur institution, ce sont des êtres respectables et utiles. » (1) L'Assemblée constituante dut briser l'opposition épiscopale, et décréta, le 2 décembre 1789, que les biens du clergé étaient à la disposition de la nation, comme garantie hypothécaire de l'émission du papier-monnaie, des assignats.

Toute autre mesure, par exemple l'abolition des vœux monastiques (13 février 1790), était moins sensible au clergé; il s'opposa de tout son pouvoir à la vente annoncée de quatre cents millions de ses biens, alarma les consciences, ameuta les catholiques, au printemps de 90, à Nîmes, à Toulouse, à Montauban, à Bordeaux.

La constitution civile, projet imprudent, pis que cela, absurde, le poussa au schisme. Que signifie cela, constitution civile du clergé? Constitution civile des consciences? mais la conscience est libre, en dehors de toute constitution; constitution civile des prêtres ? mais on fait donc encore du prêtre un homme à part, un citoyen privilégié ; pourquoi pas la loi générale, pourquoi toujours des castes ?

Ces mots jurent; la résistance fut légitime, au nom de la liberté, comme au nom de l'égalité. « La religion, dit M. Mignet, devenait, selon les passions et les intérêts, un instrument ou un obstacle; et lorsque les prêtres firent des fanatiques, les révolutionnaires firent des incrédules. »

Ainsi commença la longue persécution à laquelle tant de prêtres opposèrent un courage qui rachète bien des fautes. La Vendée prit les armes, insurrection essentiellement catholique, conduite par le

---

(1) Loustalot, *Révolutions de Paris.* — *Introduction.*

faux évêque d'Agra et par le curé Bernier. La Convention, entre Verdun et Saumur, se leva terrible, une tête de Méduse en chaque main, tête de roi contre les rois de la coalition, tête de prêtre contre les prêtres du Bocage.

La fortune fut encore cette fois du parti de l'audace.

A Paris surtout, plus menacé, plus facilement excitable, la terreur anti-religieuse oublia toute justice, toute pitié. Les prêtres furent traqués, accusés, non jugés, exécutés. La Commune poussée par Chaumette, par Hébert, cyniquement athées, se mit à la tête du mouvement. Le 23 septembre 93, la municipalité arrête « que toutes les effigies religieuses qui existent dans les différents quartiers seront enlevées ; que tous les marbres, bronzes, etc. sur lesquels sont gravés les arrêts du parlement contre les victimes du fanatisme et de la férocité des prêtres, seront également anéantis. » (1)

Un autre jour, le 7 octobre, Chaumette « requiert qu'ordre soit donné à tous les postes d'arrêter tout prêtre qui osera aller dans les rues avec le costume ci-devant ecclésiastique. »

Puis à côté du drame, la parodie, la bouffonnerie sacrilége.

Les vivres manquent à Paris, le peuple murmure ; « l'assemblée générale de la Section de l'Homme-armé, considérant que les républicains savent se réduire au strict nécessaire, a juré à l'unanimité de faire un carême civique de six semaines, et de ne point manger de viande pendant ledit temps. »

____

(1) Ces citations et celles qui suivent sont extraites des *Affiches de la Commune de Paris.*

Chaumette approuve l'expédient, et après avoir re-marqué « que le carême était moins l'ouvrage de la superstition que d'une saine politique de la part du législateur, ajoute que ce carême de six semaines durera jusqu'au 10 août : ce jour là ce sera la Pâ-ques républicaine à laquelle tous ensemble chan-teront *Alleluia.* »

Le zèle anti-religieux enflammait Chaumette au point qu'il ne désespérait pas de convertir le pape lui-même. A la séance du 11 brumaire 93, il re-marque « que Dorat de Cubières sait très-bien l'ita-lien, et il requiert qu'il traduise en cette langue tous les arrêtés révolutionnaires et anti-ecclésias-tiques, et que tous ces arrêtés soient envoyés au pape pour le guérir de ses erreurs. » Et la Commune de voter à l'unanimité la conversion du Saint-Père !

Nous savons quelle autorité Robespierre exerçait déjà sur la Commune ; cette haine forcenée contra-riait le futur grand-prêtre de l'Être-Suprême ; il détes-tait les prêtres, il n'aimait pas le catholicisme, mais il avait besoin d'une religion. Sous son influence, nous voyons Chaumette, incapable par lui-même de modération, s'adoucir peu à peu. La Commune avait arrêté que l'on supprimerait tous les Saints qui sont au portail de Notre-Dame ; Chaumette s'oppose à la mesure ; il annonce « que le citoyen Dupuis, fameux astronome, a trouvé son système planétaire dans les deux portes latérales, et qu'il faut concilier ce que l'on doit aux arts et à la philo-sophie ; il obtient que le citoyen Dupuis sera adjoint aux administrateurs des travaux publics, afin de conserver les monuments dignes d'être transmis à la postérité » (séance du 22 brumaire an II).

7.

Moins d'un mois après, Chaumette ose proposer la liberté des cultes : « Mêlons-nous d'administrer, dit-il, d'assurer au citoyen le libre exercice de ses droits, même de celui de rêver. Je requiers donc :

1° Que la Commune arrête qu'elle n'entendra aucune proposition, pétition ou motion sur aucun culte, ni sur aucune idée métaphysique et religieuse ;

2° Que le culte soit permis pourvu qu'il ne nuise pas à la société par sa manifestation. »

L'idée fixe de Robespierre apparaît visiblement dans une proposition si étrange dans la bouche de Chaumette. Le dictateur présomptif propose d'abord la liberté des croyances, et Chaumette n'y prend pas garde, puisqu'on lui laisse le droit d'être athée ; mais quand Robespierre imposera l'Être-Suprême, l'athéisme autrefois toléré sera un crime capital que Chaumette et Hébert paieront de la vie.

Robespierre, maître à la Convention, et voulant briser la Commune pour être maître partout, se servit-il de l'Être-Suprême comme d'un piége tendu à l'athéisme aveugle de ses ennemis ? On peut le croire, car le culte de la vertu sous plusieurs formes, qu'alors il improvisa, fut tout platonique : jamais la Terreur ne fut plus cruelle, plus insatiable. Le mielleux avocat d'église avait dans ses affirmations, dans ses volontés, comme Saint-Just dans sa personne, je ne sais quoi de pontifical ; avec toute la bassesse des moyens, il affichait tous les scrupules de l'hypocrisie ; ce bourreau solennel rêvait de pudeur, d'amitié, de bonne foi, de justice, surhumainement ambitieux et féroce, Hildebrand doublé de Torquemada.

A la fête de l'Etre-Suprême, Robespierre officia

lui-même ; car s'il avait reconnu, dans son célèbre rapport, que « l'idée de l'Etre-Suprême et de l'immortalité de l'âme est un rappel continuel à la justice, et par conséquent sociale et républicaine, » il s'était empressé d'ajouter que « les prêtres avaient été à la morale ce que les charlatans sont à la médecine. »

La métaphysique de Robespierre, dégénérée en la puérile théophilanthropie du Directoire, reçut le coup de mort du ridicule ; il s'agissait bien pour la jeunesse dorée, pour la réaction qui rentrait, des pastorales liturgiques du bon La Réveillère : la Terreur blanche voulait son tour ; elle le prit, surtout dans le Midi. On toléra ses vengeances, mais quand elle prétendit dominer, on la canonna le 13 vendémiaire, on la décima le 18 fructidor.

Bientôt des événements considérables, inattendus, allaient captiver l'attention ; les prodigieuses campagnes d'Egypte et d'Italie flattaient l'orgueil national, et l'admiration populaire absolvait du 18 brumaire le signataire de Campo-Formio et le vainqueur des Pyramides. Les partis épuisés voyaient en Bonaparte un pacificateur, le restaurateur de la religion et de l'ordre, un Monk peut-être. Il releva le trône pour s'y asseoir, et l'autel pour y appuyer son trône. Le concordat de 1802 fut un compromis imposé alors au pouvoir religieux par le pouvoir politique, un expédient qui régit encore les rapports de l'Eglise avec l'Etat ; on ne peut en effet considérer comme définitif, au nom même de la liberté religieuse, un régime qui soumet les décisions doctrinales de l'Eglise catholique au bon plaisir du gouvernement civil, et fait des ministres de la conscience les subordonnés du Conseil d'Etat.

L'Eglise a repris ainsi un rôle politique, elle a siégé aux assemblées délibérantes, au sénat, et sans se souvenir du beau titre des premiers évêques, défenseurs des citoyens, on l'a toujours vue, oublieuse de ses anciennes chutes, pencher du côté du pouvoir.

Il faut donc moins s'étonner de la voir partager les disgrâces des régimes dont elle avait flatté la fortune. « Toute puissance vient de Dieu, » dit-elle ; que n'ajoute-t-elle avec Saint-Chrysostôme : « mais tout prince n'en vient pas (1). » L'Eglise doit reconnaître les souverains, se soumettre aux gouvernements de ce monde, rendre à César, même quand César est Tibère, ce qui appartient à César ; mais compromettre l'autorité, la vérité de sa parole à flatter les puissants, à bénir les coups d'Etat, est un rôle indigne d'elle ; est-ce affaire de conscience, lorsque M. Emery, directeur de Saint-Sulpice, a découvert, en fouillant les Bollandistes, un Saint Napoléon, que l'évêque de Cahors, Mgr Grainville, le déclare aussitôt dans son *Ordo* le patron de l'empire français ? Le culte de Dieu et de la justice n'est pas le culte des rois du monde.

Les systèmes socialistes, inventés ou rajeunis depuis le commencement du siècle, ont tous inscrit dans leur programme une réforme religieuse, appropriée à l'idée qu'ils se font de Dieu. Ces opinions, qui rallient toujours quelques partisans, tantôt par la franchise de leur matérialisme, tantôt par l'exagération de leur mysticisme, jettent cependant moins

(1) St Chrysostôme. *Homélie 33, sur l'épître aux Romains.*

de trouble dans les consciences que la grave question qui divise aujourd'hui les catholiques eux-mêmes en deux camps, les ultramontains et les libéraux.

L'Eglise gagnerait sans doute à la conciliation plus qu'à la résistance ; et quand on considère sans parti pris la situation actuelle, on songe à ces résistances fatales dont les anciens attribuaient l'aveugle folie à la haine même des dieux. Rendue à elle-même, complétement délivrée des préoccupations terrestres de la faveur, de la fortune et du pouvoir, l'Eglise serait encore le meilleur et le plus sûr maître de morale et de charité, l'asile de la vertu, de l'espérance et du malheur. Que Dieu sauve donc l'Eglise du royaume de ce monde, qui n'est pas le sien ! « Oh ! Constantin, s'écriait déjà Dante, que de malheurs sont nés, non de ta conversion, mais de cette dot que reçut de toi le premier pape enrichi ! »

> Ahi, Constantin, di quanto mal fu matre,
> Non la tua conversion, ma quella dote
> Che da te prese il primo ricco Patre! (1)

(1) *La divina commedia.* — *Inferno* — *Canto XIX.*

ÉMANCIPATION DES FEMMES

———

Da, femina ne sim,

Omnia præstiteris.

Ces mots de la nymphe Cænis résument les aspi-
rations émancipatrices de la femme dans leur plus
complet essor : être homme, par droit de conquête.
Pour entrer sur ce nouveau domaine, il leur a fallu
sortir de leur domaine accoutumé ; découronnées
de leur pudeur divine en même temps que de leurs
longs cheveux, elles sont parties, *succinctæ*, pour le
club ou pour le combat. Je suis, dit Olympe de
Gouges, un animal amphibie (1).

Des femmes ont demandé le droit de représenter
le pays ou de nommer ceux qui le représentent,
c'est-à-dire leur majorité politique, puis l'égalité
sociale et la république dans la famille; non con-
tentes de vouloir s'affranchir du mari maître et seigneur, elles ont voulu s'affranchir du mariage et

____

(1) *Pronostic sur M. Robespierre.*

voici venir l'union libre, plus réclamée par elles que par l'homme, car c'est sur l'épouse que nos mœurs font porter presque tout le poids de la fidélité, des serments.

La Commune de 1871 ne paraît pas avoir été très-jalouse de l'émancipation des femmes; les deux courants, traditionnel et social, qui se partageaient les esprits, les entraînaient cette fois dans le même sens. Chaumette, procureur général de la Commune de 93, voulait en effet réduire la femme au rôle de « divinité du sanctuaire domestique et au charme invincible de la beauté, des grâces et de la vertu (1); » il y a quelques années, la section française de l'Internationale avait décidé à une grande majorité (2) que la place de la femme est au foyer domestique.

L'initiative de l'émancipation des femmes vint, comme toujours, d'elles-mêmes. Un *Comité central des citoyennes*, dont les pouvoirs semblent avoir été moins réguliers encore que ceux du comité central de la garde nationale, en offrant son concours à la Commune pour les ambulances et les barricades, exprima l'espoir de voir s'accomplir, dans un avenir prochain, la rénovation sociale tout entière et déclara que (3) « la distinction du sexe est créée et maintenue par le besoin de l'antagonisme sur lequel reposent les priviléges des classes gouvernantes. »

Une prétention aussi radicale était jusqu'alors sans exemple aussi bien que sans application. En parcourant l'histoire on n'y rencontre la femme que dans les bas-fonds et sur les sommets ; la femme y

(1) Séance du 28 Brumaire an II.
(2) Fribourg. *Association internationale.*
(3) Officiel du 11 avril.

est esclave ou reine. L'homme antique met la femme à genoux ou s'agenouille devant elle ; il ne sait rien au monde, hors le pouvoir et l'amour.

Cicéron, (1) voulant, après Platon, peindre le monde renversé, représente les femmes égales en droits à leurs maris, et les chiens, les chevaux ou les ânes obligeant les passants à leur céder la route. Le même sujet fournit à Molière (2) un trait analogue. Les poules dévorent les renards, les juges sont jugés par les criminels et « les femmes combattent. »

Corneille Agrippa fait tout un traité pour prouver *l'excellence de la femme sur l'homme;* il la loue, entre autres supériorités, d'avoir un plus petit nombre de dents et, jetée à l'eau, de surnager plus longtemps que l'homme. La raison, suivant le paradoxal philosophe, en est qu'elle a été créée de chair et non de boue.

De tous les rêves d'émancipation de la femme, celui des saint-simoniens a les plus larges horizons ; ils prétendaient la tirer de la « subalternité » et de « l'interdiction religieuse, politique et civile dont elle est frappée. » Dans une brochure du 1er octobre 1830, répondant aux attaques de tribune de MM. Dupuis et Mauguin, MM. Bazard et Enfantin disaient : l'épouse doit être associée à son époux « dans l'exercice de la triple fonction du temple, de l'état et de la famille ; de manière à ce que l'individu social qui, jusqu'à ce jour, a été l'homme seulement, soit désormais l'homme et la femme. »

C'est sur la question des femmes que M. Enfantin

____

(1) De Rep. XLIII.
(2) *Le Dépit amoureux,* acte II, sc. VIII.

rompit avec ses anciens amis. « Tout homme, dit-il un jour, qui prétendrait imposer une loi à la femme, n'est pas saint-simonien, et la seule position du saint-simonien à l'égard de la femme, c'est de déclarer son incompétence à la juger. » Il comparait volontiers la femme et le prolétaire, alors exclus tous deux du droit électoral fondé sur l'impôt ; et cependant les femmes deviennent mères et les prolétaires sont soldats.

Les saint-simoniens savaient par l'exemple de la plupart des religions que les femmes, qui ont un si grand besoin du surnaturel, ne sont pas moins nécessaires au surnaturel, et que, pas plus que les hommes, les dieux ne peuvent grandir loin d'elles. Aussi prirent-ils soin de les attirer aux prédications de la rue Taitbout et aux fêtes de la rue Monsigny.

Devant ses juges, Enfantin choisit pour conseils deux femmes, Cécile Fournel et Aglaé Saint-Hilaire ; il disait que sa cause devait intéresser surtout les femmes, puisqu'il avait défendu la leur.

Une femme avait voulu paraître à la barre dans un procès bien différent. Madame de Gouges avait demandé à défendre Louis XVI concurremment avec Malesherbes. « Qu'importe le sexe, écrivait-elle le 15 Décembre au président de la Convention, l'âme fait tout. » Cette démarche contribua à sa propre condamnation.

Par leur tempérament nerveux, leur esprit ardent et subtil, les femmes seraient d'excellents avocats. Doivent-elles être également médecins ? Oui, répond, d'un mot charmant, une comédie (1) mo-

____

(1) *Miss Suzanne*, par M. Ernest Legouvé.

derne, oui, puisqu'il y a des femmes malades.
Cabet (1) leur promet qu'elles seront médecins en
Icarie, elles le sont aux Etats-Unis, elles l'ont été
au moyen-âge ; il ne faut pas oublier que la sor-
cière, la bonne femme fut, pendant des siècles, le
seul médecin de campagne. « L'Harmonie, dit Fourier (2), ne commettra pas, comme nous, la sottise
d'exclure les femmes de la médecine, de l'enseignement, de les réduire à la couture et au pot-au-feu. »
Rien de plus juste. Mais peut-être Fourier a-t-il
tort de considérer l'aptitude aux beaux-arts comme
« plus spécialement affectée aux femmes. » Les arts
sont actuellement la seule branche développée de
l'éducation des femmes et cependant un bien petit
nombre d'entre elles s'élève au-dessus du niveau
des exécutants. Les riches palettes sont rares en
leurs mains ; on compte les femmes compositeurs
presque comme les femmes militaires ; que d'actrices pour une femme auteur !

Au moyen-âge, des femmes ont figuré comme pairs
de France au sacre de nos rois ; en la même qualité
elles ont siégé au parlement. Plusieurs ont présidé
des plaids et rendu la justice sur leurs terres (3). L'ancien régime eut des ambassadrices, la Révolution
attacha une femme au Comité de salut public ; la
France actuelle ne nous montre les femmes fonctionnaires publics que dans l'administration des
postes et dans celle du timbre. Cette étroite expérience leur a été favorable. Dans une motion adressée à la Constituante le 28 Octobre 1789 (4), des

(1) *Voyage en Icarie.*
(2) *Traité de l'association*, t. iii, p. 338 et 339.
(3) Merlin.
(4) Moniteur, n° 99.

femmes demandèrent, pour celles qui n'ont pas de moyens d'existence, les places et les emplois qui sont à leur portée. Les cahiers du tiers contenaient peu de mots plus justes.

Laissant même à part les fonctions publiques, il faudrait commencer par la restitution des professions nombreuses (1) où, par une déloyale concurrence, des hommes dans la force de l'âge mangent le pain des femmes. Si l'on cherchait une formule à la diverse aptitude des sexes, on pourrait dire que l'homme est fait pour l'industrie et la femme pour le commerce.

Certains révolutionnaires ou socialistes, ayant abjuré la foi chrétienne, se remirent à attendre le Messie et, comme les rabbins juifs, ils le cherchèrent dans les journées d'orage, en 89, en 1830, en 48. Le 2 Août 93, le président des Jacobins appelait Robespierre « le Sauveur ». Des femmes portaient au cou son portrait en miniature ; elles y avaient grande dévotion. « Le monde, dit l'*Exposition de la doctrine de Saint-Simon*, attendait un sauveur.... Saint-Simon est venu. » Enfantin appuie : « Dieu a de nouveau envoyé son Christ. » En 1848 on porta dans plus d'un banquet la santé de Lamartine, « le nouveau Messie. »

Les Messies révolutionnaires, par une sorte d'instinctif sentiment d'égalité des sexes, ne vont guère sans un Messie féminin, présent ou espéré.

En 1793, dans un grenier de la rue Contrescarpe, habitait une vieille femme qui se disait tantôt Eve, tantôt le Messie, tantôt la Vierge. De son nom

_____

(1) La profession de la danse leur a été en partie restituée. Les corps de ballet mâles, ces monstres, s'en vont.

Théot on avait fait Theos pour les besoins de la cause. Une lettre qu'elle adressa à la Commune fut renvoyée par le conseil à l'administration de la police (1). La Commune tenait pour la raison. Robespierre devait être moins hostile à Catherine. Le 9 thermidor, ses relations avec elle devinrent une arme terrible dans la main de ses adversaires. « Il y avait, dit Vadier, sous les matelas de la mère de Dieu, une lettre adressée à Robespierre qui lui annonçait que sa mission était prédite dans Ezéchiel; que c'était à lui qu'on devrait le rétablissement de la religion qu'il débarrassait des prêtres. On lui faisait l'honneur d'un culte nouveau. » Robespierre ne fut pas admis à s'expliquer sur ce qu'à la séance de la veille, il avait nommé avec affectation « une farce mystique. » Ses collègues ne lui avaient pas pardonné la fête de l'Etre suprême où il s'était montré seul en avant de la Convention. Ils disaient de lui comme Olympe de Gouges : (2) « Cromwell caresse ta raison et Mahomet la subjugue ».

Il y avait chez Catherine Theos trois fauteuils, l'un blanc, l'autre rouge, le troisième bleu : nombre mystique, couleurs politiques. Ce détail caractérise les tendances de la mère de Dieu, ses prophéties étaient pleines d'actualité. L'inspiration de Robespierre. à qui, dit-on, l'un des trois fauteuils était réservé, est sensible dans les prophéties de Catherine. La révolution est, suivant elle, le troisième sceau de l'Evangile et la mort des rois, le quatrième. Dans des strophes saisies chez elle on lisait ces mots :

(1) Séance du 11 août 1793.
(2) *Mon dernier mot.*

> De l'ennemi la tête altière
> Doit dans peu tomber sous nos coups ;

Catherine annonçait que le prochain déluge serait un déluge de sang.

Un illuminé du xvie siècle, Guillaume Postel, l'auteur des « *Très-merveilleuses victoires des femmes* » voyait dans la mère Jeanne, « la vergine venettana », le pontife envoyé pour la réformation de l'Eglise universelle.

Schwammerdam, Fénelon crurent à Antoinette Bourignon, à Madame Guyon ; les plus hauts esprits sont les plus enclins au mysticisme, le vertige est le mal des sommets.

Le père Enfantin qui se plaisait à être appelé Loi vivante, attendait un Messie féminin, sans doute pour constituer ensemble le suprême couple-prêtre. Si la vierge anglaise qui, l'an 1300, passa la Manche, se disant Messie, pour prêcher la rédemption de son sexe sur cette terre de France où la femme et la liberté ont toujours eu des autels, avait attendu cinq cents ans, nul doute qu'Enfantin ne lui eût fait accueil.

Tacite (1) prête aux Germains l'opinion qu'il y a dans les femmes un je ne sais quoi de saint et de prophétique ; prédire l'avenir, elles le peuvent bien, car il dépend d'elles. Il est venu sur terre, le Messie féminin ; mais ce n'est point une femme c'est la femme. Elle a d'un Messie le mystère et la rédemption, l'inévitable passion, la guérison des plaies et des doutes ; elle est comme lui prêtre et médecin.

La plupart des religions ont senti ce caractère

____
(1) *De moribus Germ.* VIII.

sacré de la femme. La femme est sur l'autel, elle est devant l'autel; objet du culte, elle en est aussi ministre. Pour ne parler que de la Gaule, les monastères de druidesses n'y étaient pas rares (1). Les unes, comme ces prêtresses Namnètes de l'embouchure de la Loire, sont mariées, mais ne rencontrent leur époux qu'à des époques déterminées, la nuit, au bord des flots. Les Vestales de l'île de Sein, à condition d'ignorer l'amour, ont reçu en partage la science des maux et le commandement des tempêtes. Pline parle d'une congrégation de prophétesses gauloises à qui la violence seule arrachait leur secret, vivant et sombre symbole de la manière dont répond la nature aux questions humaines.

Dans le christianisme, les femmes n'ont jamais exercé la plénitude du sacerdoce; le baptême est le seul sacrement qui puisse, en de certains cas, être administré par leurs mains. Les couvents de femmes n'en ont pas moins été puissants. Devant certaines abbesses on portait la crosse, comme devant les Vestales les faisceaux. Les bénédictines de Fontevrault avaient sur les religieux de l'ordre une véritable suprématie, la communauté était administrée et gouvernée par une abbesse; l'abbesse Théophénie obtint même en 1349 le droit de juger les religieux.

Au profit de la femme ou à son détriment, n'importe, c'est toujours l'inégalité. Il était réservé à la révolution d'assister à de nombreux efforts qui, sans aller aussi loin que le « comité des femmes » de 1871, tentèrent de soustraire à la loi salique la souverai-

_____

(1) Henri Martin, I, l. i.

neté populaire, d'établir l'égalité politique des sexes, base de toutes les autres.

Une femme, Olympe de Gouges, répondit à la Déclaration des droits de l'homme par une brochure intitulée : « *Déclaration des droits de la femme à décréter par l'Assemblée nationale;* » elle dédiait ce projet à la reine, l'assurant qu'en se déclarant la protectrice de son sexe, elle se rattacherait « une moitié du royaume et un tiers au moins de l'autre moitié. » L'auteur supposait que sur trois hommes, il y avait un partisan de l'émancipation des femmes; c'était peut-être vrai, mais celles-ci auraient-elles, toutes, voulu de la liberté?

Un préambule demande que les femmes soient « constituées en assemblée nationale » et pose en principe, art. 1er, que :« La femme naît libre et égale à l'homme en droits. » Plus loin : « La constitution est nulle si la majorité des individus qui composent la nation n'a pas coopéré à sa rédaction. » D'autres articles établissent que les citoyennes ont le droit, concurremment avec les citoyens, de voter les impôts et d'en surveiller l'emploi. Dans un « postambule », elle répond à un argument « théologique » : « Craignez-vous que les Législateurs Français, correcteurs de cette morale longtemps accrochée aux branches de la politique, mais qui n'est plus de saison, ne vous répètent : femmes, qu'y a-t-il de commun entre vous et nous? Tout, auriez-vous à répondre. » Les femmes, dit-elle, ont fait plus de mal que de bien, et le gouvernement français surtout a dépendu, pendant des siècles, de leur « administration nocturne. »

C'est dans l'article X de ce projet que se trouve

la phrase souvent citée : « La femme a le droit de monter sur l'échafaud; elle doit avoir celui de monter à la tribune. » En la rappelant à l'assemblée législative le 21 novembre 1851, Pierre Leroux ajoute : « Cette parole tranche la question. » Non, car pour que la question restât entière, il suffirait de ne plus livrer de femme au bourreau et de considérer que le Christ a fait grâce à toutes les femmes dans la personne de la femme adultère. Il faut faire un choix : déclarer la femme majeure devant le droit politique ou la déclarer mineure devant la loi pénale.

Olympe s'adressa directement aux dames françaises dans un autre opuscule : « Mes concitoyennes, ne serait il pas temps qu'il se fît aussi parmi nous une révolution? Les femmes seront-elles toujours isolées les unes des autres? Ne feront-elles jamais corps avec la société que pour médire de leur sexe et faire pitié à l'autre? »

Bientôt la république mettra une effigie de femme sur les monnaies où s'étaient succédé les trois dynasties de la loi salique.

Des femmes allaient représenter la raison, celle du xviiie siècle, armée mais souriante, humaine et vivante sous son manteau d'azur. Le 20 brumaire 93, la Convention dont bien des membres avaient entendu la messe de la Fédération et qui, peu de mois après, devait fêter l'Etre suprême sur les pas de Robespierre, se laissa amener la Raison par la Commune. Le président de la Convention donna l'accolade à Mlle Maillart que l'assemblée en corps reconduisit à Notre-Dame. Ces fêtes de la Raison ou de la Liberté étaient plutôt encore celles de la Nature ressuscitée et de la femme, son « chef-d'œuvre (1) ; » un blanc cortége de jeunes filles suivait la Raison et sur leur front reverdissait le chêne gaulois.

Olympe de Gouges avait beaucoup compté sur Mirabeau pour la réalisation de ses idées. Dans la comédie qu'elle donna au théâtre Italien, treize jours seulement après la mort du grand orateur, sous le titre de *Mirabeau aux Champs-Élysées*, elle lui fait dire par Mme de Sévigné (sc. VII) : « As-tu laissé en main sûre ce plan dans lequel tu destinais à mon sexe un passage utile à son bonheur et à sa gloire ? »

Un peu plus loin, Mme Deshoulières exprime l'espoir que les femmes trouveront « le moyen de régénérer leur empire », et Ninon de l'Enclos dit que les lois resteront vaines « tant qu'on ne fera rien pour élever l'âme des femmes. »

Mlle d'Orbe, présidente de la Société des amies de la constitution de Saint-Dominique, prononçant de son côté l'éloge de Mirabeau, parle aussi de ses « bienfaits envers les femmes. »

Cependant Mirabeau désirait seulement l'extension des droits civils des femmes et leur admission au conseil de famille ; il estimait que leur présence aux assemblées « occasionne des désordres de plus d'un genre » et que les fonctions publiques « ne leur conviennent sous aucun rapport. » C'est à une voix plus austère qu'était réservée la revendication du droit intégral des femmes.

Condorcet, qui avait tant hésité à se marier, fut l'avocat assidu de la cause des femmes, l'infatigable

____

(1) Le Père Duchesne.

8

apôtre de leur émancipation. Il traita dans le *Journal de la Société de* 1789 (1) la question de leur admission au droit de cité. L'énumération qu'il fait des femmes illustres n'est peut-être pas très-concluante; les femmes illustres ne sauraient donner la mesure de leur sexe, puisqu'elles sont illustres précisément pour l'avoir dépassée. La supériorité de Mme de Lambert sur le garde des sceaux d'Armenonville, même en matière de législation, ne prouve pas surabondamment que toutes les Françaises soient capables de légiférer. Condorcet se sert ensuite d'un argument que nous avons déjà rencontré, l'influence des femmes « plus à redouter dans le secret que dans une discussion publique. » Il est en effet bien certain qu'admises au scrutin, les voix de toutes les citoyennes de France n'auront jamais sur les destinées du pays l'influence du sourire de la Pompadour.

L'auteur de l'*Esquisse des progrès de l'Esprit humain* montre enfin que la vie domestique, elle-même, et l'avenir des enfants profiteraient des moments que la femme leur déroberait pour étudier les affaires publiques. C'est au moins un beau rêve : la femme; éducatrice en quelque sorte avant même d'être mère et, plus tard, chaque mère parlant aux enfants de l'autre mère, la patrie.

Condorcet avait soutenu, à l'Académie des sciences, le droit des femmes; il le fit monter à la tribune de la Convention, et l'on sait qu'il ne prenait la parole que lorsqu'il y voyait un devoir. « Le droit d'élire et d'être élu, dit-il, est fondé pour les hom-

(1) N° V.

mes sur leur seul titre de créatures intelligentes et
libres. Est-ce que les femmes ne sont pas des créatures libres et intelligentes ? »

Sieyès fit une proposition analogue; elle fut rejetée
sur l'initiative de Robespierre.

L'abbé Fauchet avait, dès les premiers jours de
la révolution, prêché l'émancipation des femmes,
au cirque du Palais-Royal. « Ce saint Paul, dit
M. Michelet, parle entre deux Thécla, l'une qui ne
le quitte point, qui, bon gré, mal gré, le suit au club,
à l'autel, tant est grande sa ferveur; l'autre dame,
une hollandaise, de bon cœur et de noble esprit,
c'est madame Palm Aelder, l'orateur des femmes,
qui prêche leur émancipation. »

Sous le Directoire, l'Empire, la Restauration, les
salons rouverts suffirent à l'ambition des femmes;
mais la révolution littéraire allait avoir son contre-
coup dans la question. Les romantiques, ces grands
artistes, ne tardèrent pas à s'apercevoir que la rime
féminine manquait au poëme humain; *la Tribune
des femmes*, *le Conseiller des femmes*, *la Gazette
des femmes*, d'autres feuilles encore éclosent au
soleil de juillet. Afin de permettre aux femmes
d'user librement de ce puissant levier de la presse
à l'aide duquel madame de Gouges avait tenté d'é-
branler la puissance même de Robespierre, des
pétitions demandèrent à la chambre des députés de
leur restituer le droit d'être gérante de journal,
droit qu'elles avaient perdu sous la Restauration.
La campagne d'émancipation se faisait hardiment,
on ne conseillait aux femmes rien moins que le
refus de l'impôt comme mode pratique d'affranchissement.

L'époque était sentimentale, c'est-à-dire sérieuse. Echapper à « l'édit de la mode » était considéré avec raison comme un des plus désirables fruits de cette liberté rêvée. Il n'est pas douteux en effet qu'un bulletin de vote dans la main de la femme en fît aussitôt glisser diamants et bracelets qui sont le signe en même temps que le prix de sa soumission. Pour péroraison de son plus beau discours, Théroigne se dépouilla de ses bijoux sur la tribune des Cordeliers. Nombre de femmes l'imitèrent, à commencer par dix-neuf femmes d'artistes, « modernes Cornélies, » dit le procès-verbal de la Constituante (1), parmi lesquelles mesdames Fragonard, David, Gérard. Comme la foudre qui fond les métaux, la révolution fondit les bijoux, les femmes les donnaient pour la guerre, l'or vil se changeait en plomb pur.

La question de l'émancipation des femmes devait reparaître après Février. « Le plus hardi novateur, écrivait Proudhon (2), n'a pas encore osé demander (il oublie Condorcet) le suffrage pour les femmes, les enfants, les domestiques, les repris de justice. Ce sont environ les quatre cinquièmes du peuple qui ne sont pas représentés, qui sont retranchés de la communion du peuple. Je veux voir, je veux entendre le peuple dans sa variété et sa multitude, tous les âges, tous les sexes, toutes les conditions, toutes les vertus, toutes les misères : car tout cela, c'est le peuple. » Le vœu de Proudhon est réalisé en ce qui concerne les domestiques ; en ce qui concerne les femmes il le sera peut-être aussi ; dans ses

(1) 19 sept. 1789.
(2) *Solution du problème social*, II, 2.

deux autres termes il nous paraît désirable qu'il ne le soit pas.

Pierre Leroux, qui avait été le collaborateur de George Sand à la *Revue indépendante*, proposa, le 20 novembre 1851, l'amendement suivant à l'art. 20 de la loi de l'administration intérieure : « La liste des électeurs communaux comprend , par ordre alphabétique : 1º les Français et les Françaises majeurs, etc... » L'orateur rappela que dans les pays coutumiers, libres, le droit communal appartint à la femme. Alors, comme il arrive souvent, c'est au moyen-âge que le socialisme cherche et trouve ses précédents et ses exemples. L'heure d'ailleurs était peu favorable. L'assemblée à laquelle s'adressait Pierre Leroux était celle-là même qui avait voté la loi de mutilation du 31 mai ; douze jours après la séance où il avait parlé en faveur des droits de la femme , le coup d'état allait remettre les droits mêmes de l'homme en question.

Les femmes, que 89 a faites les égales de l'homme dans le droit successoral, partageront-elles avec lui le suffrage universel, l'héritage de 48 ? Malgré tant et de si généreuses tentatives, le droit électoral de la femme ne semble pas, en France, près d'être établi. Les pays protestants sont en avant de nous dans cette voie, probablement parce qu'ils admettent le divorce. Une partie des Etats-Unis a appelé les femmes au scrutin et le Parlement anglais ne le leur a refusé qu'à une assez faible majorité. Il faut d'ailleurs remarquer que cette idée grandit à mesure que l'humanité s'éloigne de son berceau d'Asie. Que la jeune miss américaine, en ses libres allures, est loin de la Chinoise, esclave d'immobilité ! Le paradis terrestre n'est plus que le jardin d'un sérail.

Bien plus vivement encore que l'entrée de la femme au forum, a été réclamée son émancipation au foyer. Il ne s'agit plus sans doute, comme dans l'ancienne Egypte ou comme aujourd'hui chez certaines tribus noires, de faire de la femme le maître de l'union conjugale ou, pour retourner le mot de Saint Paul, le chef de l'homme, sa tête et sa pensée, ce qui serait une autre forme de l'inégalité. On voudrait, outre le don de l'égalité civile, relever la femme du devoir d'obéissance et de l'état de roture (1) où la tiennent les hommes, caste assise sur la force, ce mensonge du droit.

Non content de saper l'institution matrimoniale en tant que gouvernement par la négation du principe d'autorité, on a voulu l'abolir en tant que société constituée et ramener l'amour à l'état nomade. On a voulu ériger en loi la parole de Saint Just : « Ceux qui s'aiment sont époux; » on a voulu, suivant le souhait de Victor Hugo, « mettre en liberté l'amour. » Laissant bien loin le divorce, qu'on appelait dans une réunion publique un « expédient orléaniste (1), » on a réclamé l'union libre que nous définirons le droit réciproque de répudiation. Tous les peuples qui ont admis la répudiation en réservaient le droit à l'homme.

Un clubiste disait au mois de novembre 1868, à une réunion du Pré-aux-Clercs : « Je pense du mariage ceci : je suis pour le divorce tant que la loi nous imposera le mariage. » Il ajoutait que « le concubinage est le seul mariage de l'homme d'hon-

(1) Stuart Mill., *La liberté.*
(2) Pré-aux-Clercs, 9 Nov. 1868.

neur. » Raoul Rigault disait de son côté : « L'union libre, c'est l'accomplissement des lois de la nature. C'est cet accomplissement des lois de la nature que j'appelle la morale. »

Le mariage était un des objets catalogués, inventoriés pour la liquidation sociale. La Commune cependant le conserva; ses membres, délégués aux municipalités, le célébrèrent en écharpe rouge, mais plusieurs en perdaient leur sérieux. « Je marie, écrivait J. B. Clément à Assi, vous voyez cela d'ici. »

A la séance du 17 mai, Vésinier déposa la proposition suivante, à la discussion de laquelle le temps manqua, mais que néanmoins on peut regarder comme l'expression de l'opinion dominant dans les clubs, dans la presse radicale et probablement dans la Commune :

« La loi du 18 mai 1816 est rapportée; le décret du 21 mars 1803, promulgué le 31 du même mois, est remis en vigueur.

« Tous les enfants reconnus sont légitimes et jouiront de tous les droits des enfants légitimes.

« Tous les enfants dits naturels non reconnus sont reconnus par la Commune et légitimés.

« Tous les citoyens âgés de dix-huit ans et toutes les citoyennes âgées de seize ans qui déclareront devant le magistrat municipal qu'ils veulent s'unir par les liens du mariage seront unis, à la condition qu'ils déclareront en outre qu'ils ne sont pas mariés, ni parents jusqu'au degré qui, aux yeux de la loi, est un empêchement au mariage. »

Le premier paragraphe de ce projet en rétablissant le divorce; le quatrième, en affranchissant la

célébration du mariage de toute publicité et de toute
autorisation préalable ; le second et le troisième,
en déclarant légitime l'état naturel, ne laissent
guère subsister du mariage que le nom.

C'est au mariage que la plupart des réformateurs
de la société ont porté leurs premiers coups. Platon
bannissait la monogamie de sa république, de peur
sans doute qu'elle y ramenât la poésie. Il voulait
de l'oubli de tout le reste composer l'amour de la
patrie, comme si l'indigence du cœur pouvait faire
la force d'un sentiment. « On fera, dit-il, tirer les
époux au sort » (1) dans des fêtes périodiques ins-
tituées à cet effet. Les mères se verront enlever leurs
enfants et l'on veillera à ce qu'elles ne puissent les
reconnaître lorsqu'elles iront allaiter les nouveau-
nés sous la surveillance des magistrats. L'enfant
buvant la vie au sein maternel, cet idéal de Rous-
eau, Platon l'écarte, afin que le lait même n'é-
chappe pas à la loi de communauté. D'après son
système, spirituellement parodié par Aristophane,
« les enfants regarderont comme leurs pères tous
les hommes plus âgés qu'eux. » (2).

Saint Epiphane (3) dit que les Adamiens condamnent le mariage. Pareil reproche fut plus tard
adressé aux Turlupins que Du Haillan compare aux
anciens cyniques et qui semblent avoir été une
branche des Vaudois. On a parlé de l'égalité dans
la misère, les Turlupins réalisaient la fraternité dans
le vice. « Cette vermine, dit Du Haillan, fut aussitôt éteinte que née ».

(1) *Rep.*, l. V.
(2) *Les Harangueuses.*
(3) *Sommaire de l'hérésie* LII.

D'après Enée Sylvius, (1) chez les nouveaux Adamites, ainsi nommés à cause de leur nudité religieuse, l'amour était libre moyennant présentation préalable de la compagne choisie au patriarche. Sauf la facilité de rupture, plus grande encore pour les Adamites, cela ressemble singulièrement au § 4 de la proposition Vésinier. La secte des Adamites de Bohême s'était emparée d'une île dans la rivière de Luschnitz. Bien qu'hérétique lui-même, Ziska, à la tête des Taborites, les attaqua, les prit, et, à l'exception de deux hommes qu'il sauva par curiosité, les traita comme Calvin devait traiter Servet.

Les idées des Taborites étaient tout opposées. Les 13e et 15e de leurs articles, lus en latin et en bohémien par le notaire Pierre de Maldonowitz, l'an 1420, à la conférence que leur avaient offerte les Calixtins, présentent comme dernier terme du progrès l'accouchement sans douleurs et la conception solitaire.

Un siècle plus tard, les Anabaptistes pratiquaient à Münster sous Jean de Leyde la communauté des femmes.

La distance que nous signalions tout à l'heure des Adamites aux Taborites est comparable à celle qui sépare la doctrine de Fourier et celle de l'école positiviste.

Fourier voulait établir le « ménage progressif (2) » dans lequel une hiérarchie de favoris, de géniteurs et d'époux, de favorites, de génitrices et d'épouses apporte, suivant son titre, plus ou moins d'en-

____

(1) Hist. Boh. c. XLI.
(2) *Théorie des quatre mouvements.*

fants, trouve dans le titre supérieur au sien un « appât de courtoisie » et dans la pluralité de ceux qui de leur côté lui demandent des « grades amoureux » une sûre garantie contre les « attrapes » du mariage civilisé. « Le vil caractère des femmes sauvages et barbares, dit Fourier, aurait dû prouver aux civilisés que le bonheur de l'homme, en amour, se proportionne à la liberté dont jouissent les femmes. »

Auguste Comte avait du mariage et de la femme un idéal très-élevé. Il n'admettait pas le divorce, sauf pour condamnation infamante, ni même les secondes noces, « polygamie subjective, à moins que la précédente épouse ne soit oubliée. » (1) A côté du veuvage éternel, le « mariage chaste » entre « les couples incapables de concourir dignement à la propagation de l'espèce humaine. » Il fait de la femme le prêtre du foyer et exige d'elle les vertus sacerdotales, « abstinence du vin », « libre exhérédation des filles, seul moyen de supprimer l'usage des dots » (2), « affranchissement de la vie active », « renonciation à tout commandement. » L'opposition aux doctrines fouriéristes et à la chair sanctifiée est nettement indiquée d'ailleurs dans les lignes suivantes : « La plus méprisable des sectes éphémères que suscita l'anarchie moderne me paraît être celle qui voulut ériger l'inconstance en condition de bonheur, comme l'instabilité des occupations en moyen de perfectionnement. »

_____

(1) *Catéchisme positiviste.*
(2) Le 28 octobre 89, une motion avait été adressée à l'Assemblée par des femmes qui demandaient un décret contraignant les hommes à épouser les femmes sans dot.

Toute une école d'écrivains, dans le second quart de notre siècle principalement, a attaqué le mariage dans la personne du mari. On poursuivait en lui les derniers reflets du roi, l'autorité, la tradition. On a appelé le mariage « un esclavage » (1), on l'a représenté comme une loterie qui n'aurait pas de bons numéros. En regard du mari enlaidi de tous les vices et de toutes les bassesses, l'amant rayonnant de toutes les séductions humaines se dessine sur un fond d'azur. On pourrait demander à ces romanciers, qui cependant sont maîtres des événements qu'ils racontent, pourquoi leurs amants ne se marient jamais; ils feraient de la sorte aimer le mariage autant qu'ils le font haïr. En face de l'épouse heurtant aux barreaux bénits son front plein de rêves, grelottant dans le bonheur légal, on a peint la femme qui en est violemment sortie ou qui a toujours reculé devant ses verrous éternels. Le bonheur est à elle; bien plus, s'est-elle évadée du mariage, il en est alors d'elle comme de l'oiseau apprivoisé qui, redevenu sauvage, retrouve dans la liberté ses beautés natives et son type primitif. Le mot amour a été jeté au mariage comme une menace et comme un reproche; nous ne nierons pas que ce reproche soit souvent fondé et qu'il y ait des femmes « méconnues »; mais pourquoi la plupart de celles qui ont voulu revenir sur l'erreur commise, l'ont-elles, plusieurs fois, réparée?

Quant aux femmes incapables d'amour autant qu'indignes d'estime, et sur les lèvres desquelles les serments sèchent plus vite que les baisers, nous n'a-

(1) *Indiana.*

vons rien à en dire, n'admettant pas que les sens puissent avoir la parole dans une question de liberté.

Toute doctrine qui veut émanciper la femme en émancipant l'amour fait fausse route ; la liberté ne se trouve que dans la dignité : le rameau d'or ne croît pas hors du bois sacré. L'instinct même des femmes le leur enseigne ; sur le seuil de la politique, Théroigne dit adieu aux amants.

La communauté des femmes suppose la communauté des hommes, c'est par là qu'on l'a prise pour une forme de l'émancipation ; quant à la polygamie, elle n'en a même pas l'apparence, car elle a plus de voiles et de grilles que la jalousie monogame. L'adultère en effet n'existant pas pour les hommes, les femmes ne sont plus défendues d'eux que par des barrières matérielles. Smith, le législateur des Mormons, qui, moyennant le consentement des épouses en pied, permet à l'époux un nombre indéfini de noces nouvelles, décide que la femme adultère sera « détruite ». Les flots du Bosphore attestent assez que la jalousie est une des hôtesses du Sérail.

Les deuxième et troisième paragraphes du projet Vesinier présentent, au point de vue du mariage, une grande importance. Assimiler la condition des enfants nés hors mariage à celle des enfants nés dans le mariage, ôter à la fille-mère l'amertume d'enfanter dans la honte en même temps que dans la douleur, greffer la légitimité sur le concubinage, c'est absoudre celui-ci, puisque c'est lui ôter son châtiment. D'autre part, n'y a-t-il pas progrès à ne plus frapper la faute dans son fruit innocent, à éloigner de cet enfant, qui n'a commis que le crime de naître, l'avortement et l'infanticide, monstres qui le guettent au seuil de la vie!

Un décret de la Commune, en date du 11 Avril, qui accorde aux orphelins des gardes nationaux tués « pour la défense des droits du peuple » une pension et même, s'ils sont privés de leur mère, « l'éducation intégrale », déclare ne pas faire de distinction entre les enfants « reconnus ou non. » Que la reconnaissance ait été négligée, ou rendue impossible par le vice originel d'adultère ou d'inceste, le décret ne distingue pas, la pension sera accordée à tous les enfants qui auront la possession d'état.

La loi du 12 brumaire an II n'allait pas si loin. Si elle assimilait aux enfants légitimes les enfants naturels simples, elle s'arrêtait devant l'inceste et l'adultère et n'accordait aux enfants d'une telle origine que « le tiers en propriété de la portion à laquelle ils auraient droit s'ils étaient nés dans le mariage » (art. 13).

L'ancien droit français n'accordait en général que des aliments aux enfants naturels. Il avait oublié la tradition mérovingienne, les bâtards couronnés : Thierry, fils de Clovis, Sigebert, Louis et Carloman (1). Les lois celtiques (2) de Hywel Dda et la coutume du Gabail Cine, appliquée en Irlande jusque sous Jacques Ier, montrent même les bâtards admis au partage des biens du père.

En déclarant que les enfants non reconnus sont reconnus par la Commune, le projet Vésinier sous-entend probablement qu'elle veillera sur eux et

_____

(1) D'Aguesseau, *Dissertation sur les bastards.*
(2) Acollas, *L'enfant né hors mariage.*

pourvoiera à leur éducation, comme le Code (1) de la Convention en chargeait les procureurs de commune pour tous mineurs orphelins.

La légitimation des enfants naturels suppose d'autre part un retour aux secours accordés par la Convention aux filles-mères et dont on a très-bien montré la corrélation avec les sévérités qu'elle déploya contre les filles publiques, traquées, poursuivies. « En réalité, dit **M.** Michelet, si les filles qui ont failli ne sont point secourues, elles deviennent la plupart des filles publiques. »

La délégation communale du 2e arrondissement prit le 17 Mai deux arrêtés qui paraissent être restés isolés au milieu d'un mal encore accru par l'anarchie née du 18 Mars. Le premier, invoquant la législation qui abolit la traite des noirs et punit les négriers, considérant en outre « que la suppression des armées permanentes mise à l'ordre du jour de la révolution communale doit entraîner la suppression du trafic odieux des marchands d'hommes », ferme les maisons de tolérance et met les scellés sur leurs portes ; le second, tout en excusant sur le manque d'instruction et de travail les femmes livrées à la prostitution, « plaie monarchique », leur interdit sous peine d'arrestation la circulation sur la voie publique. La garde nationale est chargée de l'exécution des deux arrêtés.

Telles furent les tendances sociales de la commune dans la question des femmes, mais elle était absorbée par la guerre, et les femmes qui s'étaient rangées autour du drapeau rouge l'accompagnaient

(1) Art. 25 et 26.

aux avant-postes. La femme armée, d'ailleurs, n'est-ce pas la femme émancipée dans sa plus audacieuse expression ? Terrible curiosité, celle qui fait mordre Eve aux cartouches.

Une femme, une institutrice, nommée Louise Michel, qui montra jusque devant le conseil de guerre une résolution sauvage, obtenait du Père Duchène (1) une mention spéciale.

Des femmes communément désignées sous le nom d'amazones de la commune furent réunies et armées à l'Ecole de Droit. On en détachait quatre ou huit à chaque bataillon qui entrait en campagne ; elles étaient ambulancières pour les féderés et soldats contre les « Versaillais ». On les retrouve, acharnées, derrière les barricades de Mai.

Est-il besoin de dire que nous ne comprenons d'autre rôle pour la femme dans la guerre civile que celui des Gauloises (2) apaisant le différend ou celui des Sabines se jetant entre les épées.

Une tradition grecque place par-delà le Caucase les Amazones, peuple de femmes, puissantes, redoutées au loin, vaincues seulement par Hercule (3).

L'Iliade ne va pas jusqu'à Penthésilée. Cette reine des Amazones, les ayant amenées au secours de Troie agonisante, tomba bientôt elle-même sous ses murs, fleur d'Asie brisée par un javelot d'Epire. Properce (4) et Quintus de Smyrne peignent à

(1) Nº 25.
(2) Plut., *De Mulierum virtutibus*, VI.
(3) Diod. III, 55.
(4) El. III, 11.

l'envi la douleur d'Achille, lorsqu'en désarmant sa victime, il apprend à la connaître.

Hérodote, qui le premier a parlé des Amazones, leur fait dire (1) : Nous nous servons d'arc, de flèches, nous sommes cavaliers, nous sommes ignorantes des arts féminins. On leur donne tantôt la haste, tantôt la bipenne, le bouclier, rond d'abord, plus tard en forme de demi-lune, souvent le bonnet phrygien.

On les regardait comme les architectes du temple d'Éphèse et aussi de celui de Smyrne ; des médailles de Mœsa les représentent ce dernier temple à la main, comme plus tard furent représentés les fondateurs de cathédrales. Phidias, qui ne passa qu'après Polyclète dans un concours de statues d'amazones ouvert au temple d'Ephèse (2), avait représenté les Amazones à l'extérieur du bouclier de sa Minerve (3), tandis que sur la partie concave il faisait lutter les dieux et les géants. Signe de l'importance qu'avaient les Amazones, au moins dans la légende religieuse. M. Bergmann veut qu'elles n'aient été que des prêtresses d'Artémis dont les autels, hérissant les rivages cimmériens, demandaient des victimes à la tempête. Chez les Lyciens, qui avaient peut-être dans les veines du sang d'Amazones, car elles avaient habité la Lycie, les hommes prenaient le nom de leur mère (4); chez ce peuple, pour nous servir d'une expression juridique, le ventre anoblissait, comme dans l'ancienne Champagne (5).

(1) L. IV. 114.
(2) Pline, l. XXXIV, 19.
(3) Pline, l. XXXVI, 4.
(4) Hérodote, l. I, 173.
(5) V. Coutumes de Chaalons, art. II; du Bailliage de Troyes,

On rêva d'Amazones sur le Palatin (1). Suétone nous montre Néron, dans ses vains préparatifs contre Vindex, faisant couper les cheveux à toutes ses concubines, les armant de haches et du bouclier amazonien.

Au VIIIe siècle, le diacre Paul (2) raconte que les Longobards, sortant de la Scandinavie, rencontrèrent des Amazones. Certains noms de bourgs bohémiens, Dêwyn, appartenant aux filles, ont fait croire à des Amazones slaves. Les anciens voyageurs avaient parlé d'Amazones africaines, les Espagnols racontèrent qu'en Amérique ils avaient rencontré un peuple de femmes guerrières au bord d'un fleuve par eux baptisé fleuve des Amazones, si grande était l'obstination à ensemencer le nouveau monde de toutes les traditions de l'ancien !

Mademoiselle de Montpensier, qui avait rencontré dans Virgile et le Tasse, Camille et Clorinde, ces Penthésilées poétiques, se met en scène (3) sous le nom de Reine des Amazones, assurément bien mérité, moins peut-être encore par le canon de la Bastille que par cette brillante expédition qu'elle fit à Orléans accompagnée des comtesses de Fiesque et de Frontenac, maréchales de camp dans l'armée de ma fille, disait Gaston d'Orléans. Toutes trois, élégantes guerrières, la main gantée, l'épée nue, entrèrent comme à l'assaut, à l'aide d'une échelle, dans la ville, tandis que se morfondaient à la porte et durent bientôt se retirer les envoyés du cardinal

t. I, art. I ; du Bailliage de Chaulmont en Bassigny, ch. I, art. II.
(1) Ner. XLIV.
(2) De gestis Longob. I, 15.
(3) *Princesse de Trébizonde.*

ministre, le garde-des-sceaux et ses quarante carrosses !

La phraséologie révolutionnaire, si l'on en excepte le mot guillotine, vécut d'emprunts à l'antiquité. Les Amazones ne pouvaient faire défaut à ce classique rendez-vous. Dès la prise de la Bastille il se forma un escadron d'amazones; elles parcouraient les districts, enthousiastes, une pique à la main. On lit au bas d'une gravure du temps : « Et nous aussi nous savons combattre et vaincre ; nous savons manier d'autres armes que l'aiguille et le fuseau... O Bellone !... compagne de Mars ! A ton exemple, toutes les femmes ne devraient-elles pas marcher d'un pas égal avec les hommes ? Déesse de la force et du courage, du moins tu n'auras pas à rougir des Françaises. »

Les dames d'Aulnoy en Poitou se fédérèrent peu après et prêtèrent le serment civique sous le nom d'Amazones nationales; c'était le temps où les femmes des Pyrénées pétitionnaient pour être incorporées dans la garde nationale.

En 1848 des femmes furent enrégimentées sous les auspices de Caussidière, devenu préfet de police, et, assure-t-on, à l'aide des registres dont il disposait. Elles méritaient leur nom de Vésuviennes par l'ardeur de leur haine contre « la Coalition des souverains étrangers ». Elles n'eurent d'ailleurs qu'un jour et, après un pèlerinage en armes à l'Hôtel-de-Ville, rentrèrent dans la vie privée.

Un essai d'organisation d'un corps d'amazones fut tenté sans succès après le 4 septembre (1).

Les Françaises ont toujours aimé la guerre. Cette

____

(1) M. Félix Belly, qui en eut l'idée, couvrit Paris d'affiches.

dame que sa brillante armure avait fait surnommer Pied-d'or et qui suivit, à la tête d'une troupe de femmes armées, Eléonore à la croisade, n'était pas une exception sur la terre sainte. La Chanson d'Antioche (1) dit en parlant de la première croisade : « Et bien vint mille fames avecques iaus ala. »

Qu'on ne s'y trompe pas. Parmi les femmes qui prirent la croix aux différents départs, plus d'une prenait en même temps le heaume et la lance. Nous n'en voulons d'autre preuve que les Etablissements de Saint-Louis (2) qui croient nécessaire d'exempter nommément du service « les boulangers, les meuniers et les femmes. » Cinq cents ans plus tard, le Comité de salut public prend un arrêté défendant de conserver aucune femme dans les cadres.

Les anciens Templiers admettaient des oblats des deux sexes; les nouveaux Templiers qui eurent une apparence de vie sous le gouvernement de juillet, reçurent quelques femmes au nombre des « chevaliers » qui s'assemblaient cour des Miracles.

Les innombrables siéges des xve et xvie siècles montrent partout des femmes sur les murailles, à la brèche. Les femmes de Beauvais, par leur belle conduite contre les Bourguignons, méritèrent qu'une ordonnance de Louis XI (3) leur conférât le droit de précéder les hommes à la procession de Sainte-Agadresme, honneurs analogues en la forme à ceux qu'obtinrent les femmes d'octobre 89. On se rappelle la jolie page que Montluc (4) consacre à ces

(1) V. 5813.
(2) I, c. 61.
(3) Amboise, juillet 1473.
(4) Commentaires, l. III.

trois mille dames, « gentils-femmes ou bourgeoises », qui l'aidèrent dans sa défense de Sienne et dont les trois escadrons remuaient la terre des remparts vêtues de « blanc » ou de « violet » ou de « satin incarnadin. » Comme celles de Sienne, les femmes de Metz (1) contribuèrent à l'échec de Charles-Quint en travaillant « et nuit et jour » aux fortifications. Les huguenotes de la Rochelle (2) se divisent en vingt-et-une compagnies lors du siége du duc d'Anjou ; à Autun (1591) l'assaut des calvinistes est repoussé par des dames cuirassées.

De pareils exemples abondent, surtout au temps des luttes religieuses ; de toutes les guerres celles qui intéressent le plus les femmes sont celles qui touchent au royaume du ciel, le seul où elles aient droit de cité.

On trouve dans la Fronde la main des harengères à côté de la main des duchesses. Celles-ci donnent aux princes des leçons d'infidélité ; celles-là sont les collaboratrices assidues des barricades et des mazarinades, elles remuent boue et pavés. Rôle analogue des femmes en province. Les registres du Parlement de Provence (3) font mention d'une jeune fille d'Aix qui, une épée à chaque main, resta plusieurs heures à l'entrée d'une rue, couvrant une barricade qui grandissait derrière elle.

La grande révolution va agiter les femmes comme elles ne l'ont point encore été ; plus d'une de ses pages est de leur main.

---

(1) *Bref discours du siége de Metz rédigé par escrit par un soldat à la requête d'un sien amy.*

(2) *L'exercice militaire faicte à présent par les femmes de la Rochelle avec les ordonnances à ce subiect.* MDCXXI.

(3) Ann. 1649.

Le 5 octobre surtout est à elles. Depuis le 14 juillet, grâce aux hommes, l'ombre de la Bastille n'était plus sur Paris ; les femmes firent Paris maître et geôlier du roi.

La faim d'ailleurs fut leur principal mobile. Le banquet des gardes-du-corps les irritait moins à coup sûr que le manque de pain à Paris. Un opuscule du temps (1) dit que « sur les drapeaux qui les précédaient elles avaient pendu une balance, où en effet elles allaient peser nos destinées. » N'était-ce pas plutôt une représentation des balances des boulangers dont plus d'une était faussée en pleine famine.

Une jeune fille se saisit d'un tambour dans un corps de garde, bat le rappel des affamées et avec les affamées accourent sur ses pas grisettes, portières avides de bruit, actrices curieuses comme toujours de jouer dans le drame réel. La faim ameuta les faubourgs et la pitié les halles (aux tendances royalistes) : on y sait par le détail jusqu'où va la misère du peuple, quel est le menu de ses privations. En traversant Sèvres, Maillard fit faire des perquisitions chez les boulangers, on trouva en tout huit pains. Le lendemain, amenant à Paris le roi, la reine et le dauphin, les femmes criaient : « Nous amenons le boulanger, la boulangère et le petit mitron, » parole où la confiance traditionnelle en la royauté est visible, bien que nuancée d'irrévérence révolutionnaire. Ce fut bien véritablement le mouvement de la faim ; le cri « du pain » ne se présenta

______

(1) *Les héroïnes de Paris ou l'entière liberté de la France par les femmes.*

pas, surtout dans la bouche des femmes, accompagné, comme en juin 48, de l'alternative : « ou du plomb. »

Ce n'est pas que ces journées aient été pures de violences. Bien des femmes avaient été entraînées de force dans l'énorme flot murmurant; un boulanger faillit être mis à la lanterne; l'Hôtel-de-Ville eût été brûlé le 5 au matin sans l'intervention de Maillard, un des vainqueurs de la Bastille pourtant, et qui s'en vantait. C'est Maillard qui fut à la barre de l'Assemblée l'orateur des femmes; quinze d'entre elles seulement étaient entrées avec lui. L'Assemblée ne pouvant rien pour elles, envoya au roi une députation à laquelle des femmes se joignirent. Un peu sabrées en route par une patrouille de gardes-du-corps, elles arrivent pourtant. La toute jeune Louison Chabry, bouquetière au Palais-Royal, avait été chargée de présenter au roi l'épineux bouquet des doléances populaires. Elle ne put que murmurer « du pain » et perdit connaissance. Inanition ou respect, le roi en fut touché, il embrassa la jolie ambassadrice. Elle sortit en criant : « Vive le roi! » Les femmes qui l'attendaient au dehors, se jetèrent sur elle, furieuses, prêtes à étouffer le cri et la jeune enthousiaste, accusant de vénalité la promptitude de sa conversion. Remontée au château, elle en descendit avec un ordre écrit pour l'approvisionnement de Paris.

Revenant de son côté à l'assemblée avec la signature du roi au bas de la Déclaration des droits de l'homme, le président Mounier trouve la séance levée, mais la salle n'est pas vide. Une grande femme est au fauteuil, elle agite la sonnette au-dessus des discussions dont la faim est toujours le texte. Mounier fait chercher des vivres ; elles dévorent cet argument et la séance peut être reprise.

Quand le lendemain a lieu le retour à Paris, les femmes reparaissent, mais alors dans le désordre du triomphe. Coiffées de chapeaux pris aux gardes-du-corps, portant des branches de peuplier comme une bacchanale antique, elles chantent, montées sur les canons.

Au-dessus des femmes du 5 octobre s'élève la jolie tête de Théroigne de Méricourt. Elle fit à elle seule la conquête du régiment de Flandre. Charmante dans son habit de soie rouge, elle parcourut les rangs des soldats, les désarma en les regardant. Ils se mirent à donner leurs cartouches aux gardes nationaux de Versailles. Théroigne était comme Maillard un des vainqueurs de la Bastille ; un jour elle avait proposé au club des Cordeliers d'élever sur l'emplacement de la prison détruite un palais digne de l'assemblée. A son entrée au club, un des assistants s'était écrié : C'est la reine de Saba qui vient voir le Salomon du district ! Prouvez que vous êtes Salomon, répondit-elle, bâtissez le temple, coupez les cèdres du Liban.

Une autre femme, Louise Audu, fit prêter le serment aux dragons. Ce fut elle aussi qui arrêta les cinq voitures qui allaient emporter la famille royale sur le chemin de l'émigration. Le 10 août elle reçut des fédérés une couronne civique comme Rose Lacombe et plus tard une épée d'honneur comme, au 14 juillet, Théroigne. On l'a surnommée la reine des halles ; elle partage ce trône dans l'histoire avec le duc de Beaufort.

Les femmes d'octobre ne tardèrent pas à obtenir comme récompense des médailles avec brevet. Le 2 brumaire an II, elles les portèrent à la Commune afin de les échanger contre des insignes républicains. Leur députation d'octobre 89 avait été embrassée par Louis XVI, celle de brumaire an II reçut l'accolade du président de la Commune.

Elles obtinrent aussi une mention civique au procès-verbal de la Convention et une place « distinguée » aux fêtes commémoratives des grandes dates de la révolution.

David leur éleva, pour la fête du 10 août 93, un petit arc de triomphe où on les voyait sur leurs canons ; c'était bien l'appareil du jour, mais l'artiste avait défiguré leurs traits par une expression de hardiesse et de passions qui n'étaient pas de 89. Le monument portait l'inscription suivante : Ainsi qu'une vile proie, elles ont chassé le tyran devant elles.

Sur une pétition de la Société des femmes républicaines et révolutionnaires, la Commune décida (1) que cette inscription serait mise sur une bannière et que cette bannière précéderait les femmes des 5 et 6 octobre aux cérémonies publiques. La Commune chargea l'administration des travaux publics de la confection de cette bannière qui devait, dans l'intervalle des fêtes civiques, être déposée à la maison commune.

Il n'est pas besoin de rappeler combien il y eut de femmes dans les armées de la république, déguisées d'un fusil ou d'une pique, armées d'un courage viril.

Les lettres de la mère Duchesne la représentent,

____

(1) 6 Nivôse an II.

en tête de chaque numéro, personnification de la femme du peuple sous le régime révolutionnaire, un sabre dans la main droite et une quenouille dans la gauche. « J'abandonne volontiers, dit-elle (1), la carrière du raisonnement aux femmes qui ont plus d'éloquence que moi, et j'offre mes services à la nation en qualité de guerrière : de mon naturel j'aime beaucoup la gourmade et puis je suis accoutumée à faire le coup de poing avec mon cher époux. Au premier coup de tambour, je prends les armes ; je lève un escadron d'amazones : je me mets à leur tête, et le sabre à la main, j'enfonce les bataillons ennemis comme du beurre. » « Savez-vous bien que mon style s'ennoblit, mes idées s'élèvent, mon génie s'aggrandit depuis que j'ai le sabre à la main? » Elle s'en prend ensuite à Molière et promet de lui démontrer que son « cheval pégase est une bête. »

Elle peint (2) les femmes de la révolution, le bonnet sur l'oreille « à la dragonne, » l'air de « housards en jupe, » « moustaches aux tempes. » Les *Actes des apôtres* (3) font reprocher par Barnave à Mirabeau de prendre pour appui les femmes qui élèvent

L'empire des harengs sur l'empire des lis.

Le 1er Prairial an III, l'invasion de la Convention, qui se fit au cri : « Du pain et la constitution de 93 », avait une avant-garde de femmes. C'est d'ailleurs

(1) 5ᵉ lettre.
(2) 3ᵉ lettre.
(3) *Théroigne et Populus,* acte II, sc. V.

l'habitude des insurrections de mettre des femmes au premier rang par le calcul qui fit mettre à Cambyse, en tête de ses troupes marchant contre les Egyptiens, les animaux sacrés d'Egypte. L'une de ces femmes, Aspasie Carlemigelli, fut un des assassins du représentant Féraud.

Des femmes furent mêlées d'une façon plus inoffensive à la conspiration socialiste de Babeuf qu'avait bercée, naissante, la jolie voix de Sophie Lapierre, chantant la carmagnole au café des Bains-Chinois. Je vis là, dit le dénonciateur Grisel, un assemblage confus des deux sexes. Sophie et ses compagnes furent acquittées par la haute cour de Vendôme.

Et dans notre 19e siècle, quand une « journée » déchire la ville, toujours la femme est là.

Leur instinct féminin les porte à s'envelopper des plis du drapeau, robe flottante de l'idée.

Le 24 février, la chambre des députés en vit une, le sabre à la main, au plus fort du flot populaire où allait s'éteindre le soleil de juillet. Elle demanda Lamartine, et, silencieuse, alla s'incliner devant lui. Quelques journaux du temps la décorèrent du nom de Jeanne d'Arc des barricades.

Aux journées de juin elles servirent de courriers aux insurgés. L'une, chargée d'un avis important, l'enroule en papillottes à ses cheveux; une autre feint une grossesse : elle porte de la poudre et des balles.

Le 4 décembre 1851 vit des femmes sur ses légitimes barricades. On en remarqua particulièrement deux sur celle de la porte Saint-Denis. L'une d'elles lisait à haute voix l'appel au peuple des représentants de la gauche, elle s'appuyait à la hampe d'un drapeau tricolore. En ce même lieu, aux journées de juin, une femme, portant le drapeau rouge, était tombée pour ne plus se relever, mais une autre femme avait relevé le drapeau.

Tant d'exemples ne nous gagneront pas à l'idée de Platon (1) qui veut que les femmes partagent « comme font les femelles des chiens », les fatigues de la chasse et de la guerre et qui n'y voit rien de contraire à la nature de la femme, puisqu'elle est faite pour vivre avec l'homme. Il serait peut-être plus vrai de dire que la guerre est contraire à notre destinée, puisque la nature de la femme ne lui permet pas d'en partager les fatigues. L'émancipation de la femme par la guerre a toujours été et demeurera exceptionnelle.

Combien elles manient mieux l'arme de la parole; grâce à la lettre du 19 janvier, nombre de femmes avaient, au moment de la Commune, trois ans de salle, nous voulons dire de club. Si elles n'avaient plus le droit d'y tricoter, elles en paraissaient peu jalouses, estimant que les travaux d'aiguille ont trop longtemps retenu la femme captive dans leurs mailles serrées et que le tricot est encore une forme de la servitude.

Il y avait, sous la Commune, dans chaque arrondissement, un comité féminin de renseignements, d'armement, de défense, ébauche de municipalité féminine. On n'alla pas jusqu'à une commune en bonnet, mais il y avait un comité central de citoyennes; ses membres signaient : N ouvrière. Dans l'Officiel du 14 avril nous le voyons de-

____

(1) Rep. l. V.

mander à la commission exécutive un local pour les réunions publiques des citoyennes. Le numéro de l'avant-veille renfermait une convocation des citoyennes patriotes au grand café de la Nation, pour organiser la participation des femmes à la défense. Beaucoup plus tard, le 18 mai, le comité s'occupe de l'organisation du travail des femmes, sur l'invitation de la commission du travail et de l'échange . Toutes les ouvrières sont invitées à se réunir à la Bourse afin de nommer des déléguées de chaque corporation pour constituer les chambres syndicales qui, à leur tour, formeraient par délégation la chambre fédérale des travailleuses.

Il y avait beaucoup de femmes aux séances des clubs, notamment à l'ouverture de celui de Notre-Dame-des-Champs, la première église envahie.

La femme orientale a un sceau sur les lèvres. La pudeur est sa loi et le silence est un de ses voiles. Voyez la Vierge, les Ecritures parlent peu d'elle et elle y parle moins encore. Ses larmes seules parlent sur le Calvaire; elle est vouée au silence, la mère du Verbe incarné.

Saint Paul défendait aux femmes non-seulement de prendre la parole à l'église, mais de mêler leur voix aux louanges chantées du Seigneur. Un concile de Nantes (1) invoque les prescriptions de l'apôtre contre certaines femmes qui ont l'indiscrétion d'aborder les plaids et les assemblées, au lieu de rester chez elles, *inter genitiarias suas*, et de filer de la laine, *quæ de laneficiis suis*. Il ne permet aux religieuses de venir aux assemblées qu'appelées par le prince ou

____

(1) Can. XIX.

leur évêque ou pour quelque impérieuse raison
personnelle et cette fois même avec l'autorisation
épiscopale. Corneille Agrippa voulait que la chaire
fût ouverte aux femmes; volontiers eût-il pour les
chrétiennes relevé la chaire de la païenne Hypathie;
il eût applaudi à madame Guyon prêchant aux Ur-
sulines de Thonon, il eût vanté « l'excellence » de
Suzette Labrousse , protégée du Chartreux dom
Gerle, et prêchant la constitution de 91 sur tous les
toits du royaume ; elle voulait l'inscrire partout,
en gros caractères, « à hauteur d'homme. » Elle
parle, à Lyon dans l'église Saint-Polycarpe, à Toulouse au club, à Béziers dans les maisons, à Mont-
pellier sur la scène. On voit que ce n'est pas toujours le trépied qui fait la pythonisse.

On cite quelques femmes dans le barreau romain.
Le code théodosien ne leur permet de parler en justice que dans leur propre cause.

Dans les *Harangueuses* d'Aristophane, qui n'est
qu'une satire des revendications en faveur des
femmes, un personnage s'écrie : « Comment dans
une assemblée de femmes trouvera-t-on des orateurs ? » Ce n'est pas là ce qui embarrassait les
femmes réunies, rue Saint-Honoré, dans la crypte
de l'église occupée par les Jacobins. Ces deux clubs
superposés, c'était le socialisme en germe sous le
jacobinisme épanoui. La « société fraternelle des
patriotes des deux sexes défenseurs de la constitution » était néanmoins sous le patronage des Jacobins, alors « amis de la constitution » et recevait
des orateurs de leur main. Elle se ramifiait en province comme la société-mère elle-même. En 1792
elle inonda la barre de l'assemblée d'un flot de péti-

tions, demandant que la guerre fût déclarée à l'Autriche, réclamant des armes pour faire la police de la ville pendant que les citoyens marcheraient à l'ennemi. La pétition fut honorablement mentionnée au procès-verbal.

Cette société, qui avait eu l'honneur de compter madame Roland parmi ses membres, conserva toujours un caractère de modération relative. Lorsque la Société de femmes républicaines et révolutionnaires se fût signalée par ses excès, la société fraternelle protesta contre toute confusion avec elle par une lettre qu'écrivit au Moniteur un de ses membres, la citoyenne Boudroy, qui tenait le café des Bains-Chinois.

Une Société populaire des deux sexes s'établit sous le titre d'Harmonie (le mot de Fourier) dans une des salles de l'Institution des enfants aveugles ; une Société fraternelle des deux sexes siégeait rue Saint-Jean de Beauvais, numéro 10 ; Théroigne de Méricourt avait établi un club dans sa propre demeure, rue de Tournon.

Les sociétés de citoyennes ou les sociétés des deux sexes n'étaient pas seules ouvertes aux femmes. Elles allaient à tous les clubs, elles étaient de tous les combats de la parole comme de toutes les fêtes de l'épée. Nous avons vu Théroigne à la tribune des Cordeliers ; aux Jacobins, en mars 92, des femmes demandent des piques pour défendre la constitution.

Nulle société de femmes n'eut un rôle comparable à celui de la Société de citoyennes républicaines et révolutionnaires présidée par Rose Lacombe. Le 26 août 93, se souvenant probablement que, l'année précédente, un club de femmes avait, avant l'assemblée, déclaré la guerre à l'Empereur, elle va, à la tête de ses citoyennes, demander à la Convention la levée en masse qui fut décrétée au bout de trois mois. Le 4 octobre suivant, elle dénonce à la Commune le monopole des cabaretiers qui frelatent leur vin et l'allongent afin de se procurer « la facilité de faire sortir de Paris ce qu'ils ont de meilleur, » raison presque plausible, puisque les octrois avaient été supprimés en 1791.

Les femmes des clubs avaient toujours aimé Marat pour sa violence qui répondait à la leur. Le 24 avril, après son acquittement, elles avaient grossi son cortége triomphal, elles l'avaient ce même jour acclamé à la Convention et couronné aux Jacobins. Sa mort les toucha d'autant plus qu'elle avait été donnée par une femme.

Elle nous touche aussi, mais d'une autre façon. Il est immoral qu'il y ait des êtres assez purs pour que le sang même ne les tache pas et que les sympathies humaines ne soient pas toujours du côté de la victime. Le poignard entre les mains de Charlotte se rehausse d'un tel héroïsme qu'il éblouit jusqu'à la conscience et fait hésiter sur les lèvres de l'homme l'affirmation de l'inviolabilité humaine.

La Société fraternelle envoya la citoyenne Colombe demander à la Convention une statue pour l'Ami du peuple. La Société des citoyennes révolutionnaires protesta contre toute solidarité. « Charlotte, s'écria Rose Lacombe, était-elle de notre société? » La Société demanda pour Marat un obélisque (1) sur la place de la Réunion, elle n'obtint qu'un buste qui

(1) Aff. de la Commune, 31 juillet 93.

fut placé solennellement, en présence d'une députation de la Commune. Les images de Marat se mul-
tiplièrent, on en mit partout, sur les autels profanés,
dans des niches au coin des rues ; son buste hideux
remplaçait la madone.

A partir de cette époque, grande agitation dans
la Société. A la séance de la Convention du 16 septembre 1793, Bazire et Chabot se plaignirent des
citoyennes révolutionnaires ; un autre membre, dési-
gnant Rose Lacombe, dit que dans un discours de la
veille elle avait « tiré à boulets rouges » sur les
Jacobins et la Convention. Rose, qui naturellement
assistait à la séance, s'élança à la tribune pour répondre, mais le tumulte qui s'éleva ne le lui permit
point. Le calme rétabli, l'assemblée décrète : 1º Qu'il
sera écrit à la Société des citoyennes révolutionnaires
pour l'engager à se purger, par un scrutin épura-
toire, de toutes les intrigantes qu'elle renferme ;
2º que le Comité de sûreté générale sera invité à
faire arrêter toutes les femmes suspectes ; 3º qu'il
sera nommé des commissaires chargés de dénoncer
au Comité de sûreté générale Rose Lacombe. Elle
ne fut pourtant pas arrêtée (1) et le 25 septembre
elle menaçait d'une « volée de coups de canne » le
rédacteur de la Gazette française qui l'avait fausse-
ment annoncé.

A la fin d'octobre, une violente rixe s'éleva entre
les poissardes et les citoyennes révolutionnaires, à
l'occasion du bonnet rouge dont les premières ne
voulaient pas, et non, comme on l'a dit, à l'occasion
de la cocarde tricolore. Les poissardes allèrent jus-

____

(1) Lairtuillier, *Les femmes célèbres*, 1789-1795.

qu'à infliger à leurs adversaires l'indécent affront
qu'avait peu auparavant subi, en plein jardin des
Tuileries, l'infortunée Théroigne. La Commune
donna tort aux citoyennes révolutionnaires. Elle décida (1) qu'une députation de ses membres irait représenter aux citoyennes révolutionnaires « qu'une
mère de famille, occupée du soin de préparer les
repas de son époux, du soin de sa famille et d'entretenir la propreté dans sa maison remplissait également les devoirs d'une bonne patriote »; au sujet du
bonnet rouge, que les citoyennes révolutionnaires
seraient libres de le porter, mais non de l'imposer
aux autres.

La Convention s'émouvait de son côté (2) et y mettait moins de ménagements. « Je vous dénonce,
disait Amar au nom du Comité de sûreté générale,
un rassemblement de plus de six mille femmes, soi-
disant Jacobines et d'une prétendue société révolutionnaire. Plusieurs d'entre elles, sans doute, n'ont
été égarées que par un excès de patriotisme, mais
d'autres ne sont que les instruments des ennemis
de la chose publique, et n'ont pris le masque d'un
patriotisme exagéré que pour exciter un mouvement sectionnaire et une espèce de contre-révolu-
tion. » L'orateur examine ensuite si les femmes sont
propres à un rôle politique et se prononce pour la
négative, attendu « la différence de force et de con-
formation, et par conséquent de destination. »
« Nous balbutions encore le mot liberté, à plus
forte raison les femmes, dont l'éducation morale est

(1) Aff. de la Com. 8 Brumaire an II.
(2) Séance du 19 Brumaire.

presque nulle, sont-elles moins éclairées dans les principes. » S'il ne veut pas qu'elles prennent part aux délibérations publiques, il leur permet d'y assister « pour mieux faire chérir la liberté à leurs enfants. » Le député Charlier prit la défense des femmes : « A moins que l'on ne constate, comme dans un ancien concile (1), que les femmes ne fassent pas partie du genre humain, on ne saurait leur ôter ce droit commun à tout être pensant ». Bazire répond que le voile est pour un instant jeté sur les principes, qu'il s'agit du danger des sociétés de femmes démontré par l'expérience; il conclut à ce que « révolutionnairement ces associations soient interdites, au moins pendant la révolution. »

La Convention rendit un décret par lequel tous les clubs et toutes les sociétés populaires de femmes furent interdits.

En vain une députation de citoyennes vint-elle le 7 novembre réclamer contre cette mesure. On passa à l'ordre du jour et elle dut se retirer précipitamment.

Un fait analogue eut lieu peu de jours après à la Commune. Malgré le vote de défiance dont le bonnet rouge avait été l'objet, une députation, qui se présenta le 28 brumaire an II, comprenait des femmes ainsi coiffées. Des murmures éclatent dans le sein de la Commune qui cependant s'était, y compris Chaumette, coiffée du bonnet rouge, il n'y avait pas quinze jours, lors de la visite de la section du Bonnet rouge. Le président se couvre. Le procureur général

(1) Le concile de Mâcon, 585. Il décida, après discussion, que les femmes ont une âme. On avait fait valoir cet argument que le « Fils de l'homme » n'est en réalité que le fils de la femme.

prend la parole et ce n'est pas sans surprise qu'on entend Chaumette parler par instants comme Chrysale : « Et depuis quand est-il permis aux femmes d'abjurer leur sexe, de se faire des hommes ? » « A qui donc la nature, cette mère commune, a-t-elle confié ces soins domestiques, est-ce à nous ? Nous a-t-elle donné des mamelles pour allaiter nos enfants ? A-t-elle assez assoupli nos muscles pour nous rendre propres aux soins de la hutte, de la cabane, du mariage ? Elle a dit à la femme : Sois femme, les tendres soins dus à l'enfance, les détails du ménage, les douces inquiétudes de la maternité, voilà tes travaux. » Il adresse ensuite aux femmes cette parole consolante, que leur despotisme est le seul qu'on ne peut abattre parce qu'il est celui de l'amour et l'ouvrage de la nature. « Au nom de cette même nature, restez ce que vous êtes, et loin de nous envier les périls d'une vie orageuse, contentez-vous de nous les faire oublier au sein de nos familles, en reposant nos yeux sur le spectacle enchanteur de nos enfans, heureux par vos tendres soins. » A ce passage du discours de Chaumette, toutes les femmes qui étaient en bonnet rouge l'ôtèrent et remirent leurs coiffes, beau succès assurément pour l'orateur. Il rappelle alors « ces femmes audacieuses, payées par les puissances étrangères, qui nous donnèrent le bizarre spectacle d'un vêtement de soie avec un bonnet de laine sur la tête et qui, pendant le jugement des traîtres à la patrie, excitaient des troubles funestes dans les marchés de Paris ». Chaumette, afin de détourner les femmes de la politique, cite l'exemple de Madame Roland et de Madame de Gouges qui serait, semble-t-il, plus propre à les y conduire. Voici comment il s'exprime, au lendemain de la mort de ces deux femmes, inégales assurément, mais dont la moindre est grande encore. « Cette femme hautaine d'un époux sot et perfide, la Rolland, qui se crut propre à gouverner la république, et qui concourut à sa perte » ; « cette Virago, cette femme-homme, l'impudente Olympe de Gouges, qui la première institua des sociétés de femmes, voulut politiquer et commit des crimes. » « Sous le règne de la monarchie, dit-il encore, les femmes étaient tout parce que les hommes n'étaient rien. »

Sur ces réquisitions, le conseil général décide qu'il ne recevra plus de femmes désormais qu'après un arrêté spécial, sans préjudice du droit qu'ont les citoyennes d'apporter aux magistrats leurs demandes et leurs plaintes individuelles. C'est à peu près la décision du concile de Nantes.

Des religieuses, quittant le voile, allaient prêter serment à la République entre les mains de la Commune ou des sections. (1) Le 1er Brumaire an II la citoyenne Louise Loulan demandait à changer de prénom et recevait de la Commune celui de Porcie. Quelques jours avant, une femme était venue afin d'arracher son fils « à l'opprobre et au fardeau de son nom ». Il s'appelait Leroi, il prit le nom d'Unité.

La supériorité intellectuelle d'Olympe de Gouges, de Théroigne les préserva des violences auxquelles les femmes du peuple se laissaient emporter ; elles ne dépassèrent pas la Gironde. Un jour, Madame de Gouges provoquait par affiches Robespierre à un combat singulier. Théroigne avait fait le 14 juillet

---

(1) Affiches de la commune.

la connaissance de Brissot à qui les vainqueurs l'a-
vaient chargée de remettre les clefs de cette prison,
jadis fermée sur lui; elle proposa la médiation des
femmes entre la Montagne et la Gironde. C'est
pour avoir pris la défense de Brissot qu'elle subit
au jardin des Tuileries le cruel outrage qui tua sa
raison. La seconde mort des fous, terrible pléo-
nasme de la nature, se fit attendre vingt-quatre
ans. Plus heureuse, Madame de Gouges avait porté
sur l'échafaud son front jeune encore, mais déjà
blanchi, sépulcre de son illusion.

Les clubs de femmes devaient reparaître en 48;
les orages qui s'élevèrent dans celui du boulevard
Bonne-Nouvelle eurent un certain retentissement.

Les femmes clubistes de la première révolution
étaient naturellement assidues aux tribunes des assemblées; elles y allaient chercher des exemples et
souvent donner des conseils. Un jour qu'elles
étaient plus bruyantes encore que de coutume,
l'abbé Maury dit au président de la Constituante :
« Monsieur le président, faites taire ce tas de sans-
culottes; » telle fut l'origine du nom de sans-culottes
devenu si cher aux patriotes et indirectement du
nom de sans-culotides donné aux fêtes nationales
auxquelles on destina les cinq jours complémentaires
du calendrier républicain. Sans-culottes signifie
étymologiquement semblable aux femmes, aussi
avancé qu'elles dans la voie révolutionnaire.

Le rôle des tribunes augmenta sous la Convention qui si souvent ne fut que le moule où les volontés des sociétés populaires venaient prendre
la figure de la loi. Quand la septième femme des
Harangueuses, montrant de la laine à ses compa-

10

gnes, leur dit : J'ai apporté ceci afin de pouvoir carder pendant l'assemblée, Praxagora répond : Pendant l'assemblée, malheureuse! Les femmes des tribunes de la Convention se montrèrent heureuses d'obtenir le droit de tricoter aux séances. C'est que les harangueuses d'Aristophane se font passer pour des hommes, tandis que les tricoteuses de Robespierre prétendent affirmer le droit de leur sexe. Bien des fois les tribunes descendirent dans la salle; l'élément féminin dominait au 12 Germinal, au 1er Prairial; après cette dernière journée, la Convention interdit aux femmes l'entrée des tribunes.

Après avoir suivi au club, à la Convention, au tribunal révolutionnaire, les péripéties des procès, les « furies » allaient en applaudir le dénoûment sur la place de la Révolution. Et puisqu'elles nous y conduisent, qu'on nous permette une réflexion. La Révolution voulait transformer le vieux monde et commençait par se modeler sur lui, par lui rendre l'hommage de l'imitation et de l'absurde talion. Qu'est-ce que le sang versé pouvait apprendre à l'ombre de Charles IX? Loin de là, le sang des prêtres a lavé le sang des Huguenots. Comme les esclaves aux Saturnales, le premier soin du peuple fut d'entrer dans les vices de ses maîtres et de se revêtir de leurs passions.

Un recueil du temps (1) fait des « furies de guillotine » le tableau suivant :

> De ces effrayantes femelles
> Les intarissables mamelles,
> Comme de publiques gamelles,
> Offrent à boire à tout passant;

(1) *La République ou le livre de sang.*

> Et la liqueur qui toujours coule,
> Et dont l'abominable foule
> Avec avidité se saoule,
> Ce n'est pas du lait, mais du sang.

Voilà les ancêtres de la femme (1) qui, d'un coup de révolver, tua l'abbé Surat place de la Roquette, et de celles qui prirent part au massacre des Dominicains d'Arcueil et présidèrent, dit-on, à celui de la rue Haxo. Pareilles aux Bacchantes, elles eurent le cruel délire, l'ivresse de vin altérée de sang.

Quant aux pétroleuses, c'est en vain qu'on leur chercherait une filiation. Le temple d'Ephèse avait été brûlé avant le palais des Tuileries et la bibliothèque d'Alexandrie avant la bibliothèque du Louvre, mais à ces incendies-là aucune femme du moins n'avait mis la main. Les femmes qui, debout sur les remparts battus en brèche, versaient l'huile bouillante ou la poix aux ennemis, qui par exemple à Orléans (2), en 1428, jetaient aux Anglais « cercles liés et croisés, cendres vives, chaux, graisses fondues et eaux chaudes », n'ont, en leur patriotisme, rien de commun avec les pétroleuses. Celles-ci sont sorties du sol même de Paris, ouvert jusqu'aux égoûts par de formidables secousses. Elles sont l'incarnation sinistre de cette révolution qui était en même temps un cas pathologique.

Leur torche éclaire la plaie de notre époque, ces ouvrières du néant sont filles de la négation.

Mais les crimes des femmes ne nous feront pas

---

(1) 3e Conseil de guerre, audience du 9 août, déposition de M. Puymoyen.
(2) Cousinot de Montreuil, *Chronique de la Pucelle*.

douter d'elles, nous sommes de ceux qui croient que le crime prouve une loi et que celle des femmes demande une formule.

Rappelons-nous aussi que le devoir, le droit sont jumeaux, qu'ils naissent et grandissent ensemble. Le droit des femmes, approprié à leur nature, serait, nous en avons la conviction, une garantie pour la société et pour la morale. Que le scandaleux exemple donné par certaines femmes qui se sont piqué de liberté ne fasse naître aucun doute à ce sujet : juge-t-on une armée sur ses enfants perdus?

Beaucoup d'hommes voudraient payer aux femmes, à l'exemple de cette province d'Asie dont parle Plutarque, la totalité de leur tribut en parures, en galanterie française, en vieille-monnaie du bon temps.

Les temps sont changés, l'heure est grave. La femme, qui fut créée après l'homme, est éternellement la plus jeune ; peut-être apportera-t-elle au traitement de nos maux quelqu'un de ces secrets que la nature enseigne et que la société oublie.

Cherchons notre force dans le respect de la faiblesse, laissons à l'antique justice ses balances fausses qui ne trébuchent qu'au poids des épées. Le droit ancien disait: Hors de la force pas de salut. Le droit moderne dit : Laissez venir à moi les femmes.

RÉPUBLIQUE UNIVERSELLE

La commune de 1871 eut souci de toutes choses, excepté de la France. Du masque municipal qu'elle avait pris sortaient des paroles cosmopolites; elle s'adressait Urbi et Orbi, comme par une réminiscence de ce mot d'Anacharsis Clootz : « Paris est le Vatican de la raison. » Dès le 28 Mars, la Fédération de la garde nationale présentait la république universelle comme le « but prochain » et celui qui se disait président de la Commune de Paris exprimait dans son discours d'installation l'espoir que la France devînt le « fondement de cette république universelle. » A la séance du 27 avril, la Commune accueillait une adresse d'adhésion envoyée par le « Comité central de la section républicaine belge des Etats-Unis d'Europe. »

Nous avons déjà montré deux idées en lutte dans le sein de la Commune. D'une part, la révolution autoritaire et traditionnelle, les Jacobins évoqués comme des ancêtres, le plagiat des choses et des mots de 93, la revanche attendue de Thermidor, l'école française en un mot. Aux yeux de l'école cosmopolite au contraire, une république nationale est surtout le moyen du socialisme international ; si elle choisit la France pour ces sortes d'expériences, c'est uniquement à cause de son sol merveilleux où toute moisson lève assez vite pour bientôt ensemencer le monde. Les vrais internationaux restent froids devant tant de cadavres de nations jonchant la carte du monde. A la conférence tenue par l'Internationale à Londres, en 1865, une tentative est faite en vue d'écarter la question polonaise, et, chose triste à dire, elle a précisément pour auteurs les délégués français. Ils échouèrent cette fois, mais furent plus heureux au congrès de Genève. Le mémoire qu'ils y lurent, tout en condamnant le despotisme russe comme devant conduire au « communisme », déclarait n'avoir, dans un congrès économique, rien à dire sur la reconstitution politique de la Pologne ; développés par un futur membre de la Commune, Longuet, qui demanda qu'on n'opposât plus les peuples les uns aux autres, ces considérants furent adoptés par le congrès.

Au rebours de la République de Platon qui écartait les étrangers dans la crainte qu'ils ne corrompissent l'esprit de ses institutions, la Commune admit les étrangers parmi ses membres, parmi ses soldats et ses généraux ; le comité central avait même espéré que Garibaldi accepterait le commandement des forces fédérées et que, dit Lullier devant le conseil de guerre, sa chemise deviendrait un drapeau. Garibaldi refusa, mais eut le tort de ne pas répudier nettement l'insurrection. A son défaut, on compta sur un de ses fils ; un officier garibaldien fut

même pris pour l'un d'eux le 18 Mars, rue des Rosiers.

L'armistice avait rendu disponibles les francs-
tireurs de l'Est et des Vosges. Quelques-uns d'entre
eux, étrangers à Paris et même à la France, n'ayant
pas les circonstances atténuantes de la garde nationale, se montrèrent, en prenant part à l'insurrection, les héritiers des grandes bandes des xive et
xve siècles qui combattaient moins pour la cause
que pour la solde. Ils ne doivent s'en prendre qu'à
eux-mêmes de l'oubli systématique où l'on met
aujourd'hui les services qu'il ont rendus pendant la
guerre étrangère. Il vint à Paris des Italiens, des
Belges, des Suisses, quelques Russes; il vint beaucoup de Polonais, la plupart « séduits par les
phrases humanitaires de la commune et par ses
promesses de délivrance de tous les peuples (1). »
Il n'est pas besoin de rappeler les noms d'Oko-
lowicz, de Wroblewski, chargé du commandement
de la rive gauche, de Dombrowski dont la commission exécutive mit le nom sous la protection de celui
de Garibaldi ; signalant le rôle joué en Pologne et
au Caucase par le nouveau commandant de la place
de Paris, elle le présentait à la garde nationale
comme un « soldat dévoué de la République universelle. »

La Cécilia était napolitain d'origine, Cluseret
était naturalisé américain. Après la mort de Duval
et de Flourens et la disgrâce de Bergeret, avant
l'avénement du colonel Rossel, il y eut un moment

____

(1) Mémoire adressé à l'Assemblée nationale, le 5 juillet 1871,
par le comité de l'émigration polonaise.

où tous les commandements en chef se trouvèrent aux mains d'étrangers.

Ce rôle des étrangers n'est d'ailleurs pas nouveau. Si la Commune de 71 eut le prussien Frankel, celle de 93 eut le prussien Clootz. Des voix s'élevèrent même alors pour demander qu'on condamnât à la prison les étrangers qui se mêlaient de la révolution française; Pache, Marat étaient suisses. Après le 10 Août, Clootz offrit à l'assemblée législative de lever contre la Prusse une légion prussienne qu'on appellerait légion vandale, nom qu'il a été question de donner à la Prusse elle-même lorsqu'elle fut érigée en royaume. Au XVIᵉ siècle, le roi de France eut à son service des lansquenets dont plusieurs bandes furent passées au fil de l'épée par leurs concitoyens, après la bataille de Pavie. En 1848 il vint à Marseille un bataillon qui prenait le titre de « volontaires Italiens de Paris ; » le gouvernement provisoire de Milan avait refusé de l'admettre. Dans le complot dit du sud-est, en 1850, parmi les principaux condamnés, figure un personnage cosmopolite, Longomazino. Soixante-huit Polonais furent bannis de France sous Louis-Philippe pour participation aux émeutes; une cinquantaine furent arrêtés après l'attentat du 15 mai 48. Madame Paul Mink, qui appartenait à l'extrême gauche des clubs communistes de l'empire, est une Polonaise. Mais si quelques Polonais ne savent plus ce que c'est que le droit, qui donc leur en enseigna l'oubli?

Dion Cassius (1) montrait, au deuxième siècle de

(1) Fragments à la suite du liv. LXXIX.

notre ère, combien le mélange des étrangers dans la plèbe de Rome la rendait prompte aux soulèvements et aux résolutions extrêmes. Rome avait eu d'abord la pudeur jalouse des peuples enfants, elle désignait d'un seul nom l'étranger et l'ennemi ; ceux qui n'étaient pas nés à Rome ne pouvaient devenir Romains que par une concession individuelle. Puis le titre de citoyen, perdant son prestige antique, fut accordé aux Italiens et, répandu de plus en plus, devint enfin sous Caracalla le commun patrimoine de tous les habitants de l'empire. Les barbares, qui jadis n'entraient à Rome que les fers aux pieds, y vinrent eux-mêmes en armes, défenseurs d'abord, bientôt maîtres. Un mouvement religieux se poursuivit parallèlement. A l'étroite théogonie latine Rome annexa d'abord le ciel étrusque, puis le ciel grec et le ciel égyptien ; elle finit par faire accueil à tous les dieux de la terre dans son panthéon hospitalier ; le Christ lui-même serait devenu divinité de l'empire s'il eût pu s'accommoder de l'hospitalité qu'Alexandre Sévère donnait à son image.

Les régiments suisses qui, depuis Marignan et la paix perpétuelle, louèrent leur sang au roi de France, étaient devenus, d'une certaine façon, un danger pour l'ordre public. Leur présence, exaspérant les fureurs populaires, les rendit plus sanguinaires le 10 août, le 29 juillet ; cette garde montée autour du trône de France par des soldats qui n'étaient pas français avait le tort immense d'ennoblir de cadavres étrangers le champ de nos guerres civiles auquel il eût été plus politique de laisser son caractère fratricide.

Que de fois, dans les actes de nos rois eux-mêmes,

parle la race maternelle! C'est par des mouvements de leur sang espagnol que Louis IX, Louis XIV, grandes figures, ont, à de certains moments, un profil d'inquisiteur. Henry IV, fils d'une Française, a toutes les générosités de notre sol, toutes les clémences de notre ciel.

Les étrangers, qui avaient rencontré dans l'ancienne France les aménités des droits d'aubaine et de détraction, furent admis aux fêtes de la fédération dont le sympathique écho se prolongea jusqu'à Londres et jusqu'à Hambourg. Plus tard la Commune de Paris adoptait les Liégeois, ces descendants des premiers amants de la liberté municipale ; les habitants de Neufchâtel faisaient don à la France du quart de leurs revenus, touchante application du sentiment de solidarité.

L'unité du monde n'a pas toujours été conçue au point de vue fraternel : elle fut surtout le rêve des oreillers de pourpre. C'est au galop des escadrons, au pas pressé des colonnes d'attaque que fut le plus souvent confié l'effacement des frontières et des couleurs variées de la mappemonde. La statuaire ne met le globe que dans la main des rois. Les deux têtes de l'aigle germanique, la quadruple couronne de Charles VIII entrant à Naples furent des tendances visibles à la monarchie universelle. Elle fut surtout l'idée fixe de l'Orient ; ceux qui ignorent la dignité humaine veulent la quantité humaine, beaucoup de sujets, beaucoup de femmes. En confirmation de ce caractère oriental, nous voyons la plupart des empereurs de Rome être envoyés par les légions d'Asie ; le mouvement oriental qui finit par l'abandon de Rome pour Byzance était profondément logique ;

on peut en dire autant de l'expédition d'Alexandre de Macédoine allant chercher, loin du sourire athénien, la pompe et l'adoration. Il est instinctif aux conquérants de remonter le chemin de la civilisation.

La religion chrétienne seule à pu appeler son culte catholique et ses assemblées œcuméniques ; la loggia du Vatican est la seule tribune qui ose s'adresser au monde. Les croisades ont longtemps réuni l'Europe, dans la fraternité du rêve et du linceul ; Français, Anglais, Allemands communiaient à la même mort en disant : Ceci est notre sang.

C'est d'ailleurs le caractère général des religions dignes de ce nom de ne pas accepter de frontières et de ne pas connaître de *gentils*. Les religions nationales peuvent avoir leurs avantages politiques, mais, au point de vue religieux, elles se condamnent en se circonscrivant : religion anglicane, autant dire vérité anglicane. Il en est de la religion comme de toutes les choses de l'âme, le vol peut.être court, mais il faut que l'essor soit infini. Comment d'ailleurs arriver à faire des peuples une famille, si on ne les groupe autour d'un commun foyer d'idées et de sentiments ? A défaut de l'unité de culte, ne réaliserons-nous pas du moins l'unité de morale et de code ; quel beau jour, celui où la vérité pourra dire à son tour : Il n'y a plus de Pyrénées.

Pourquoi toutes les bibles et jusqu'à l'Evangile ont-ils tenté l'apostolat armé, la diffusion des lumières par le fer et le feu ? Le cimeterre, croissant d'acier, heurte le glaive surmonté d'une croix, les croisades se font commanditer par les Juifs ; dis-

persé au milieu de la théocratie catholique, c'était
de tous les peuples celui qui avait le plus à gagner
à l'avénement de cette « humanité » dont parle le
don Juan de Molière. Ils « demeurent la risée des
peuples » et ne font que « s'enfoncer de plus en
plus dans l'ignorance et dans la misère, » dit Bos-
suet en parlant de la race qui, de nos jours, se
personnifie en Rachel et Rothschild.

La famille des peuples ne nous apparaît, dans le
cours de l'histoire, guère plus unie que cette famille des Labdacides dont la Muse tragique porte
encore le deuil. Les Hébreux font de Dieu une
propriété nationale. Les Espagnols découvrent l'A-
mérique, non pour agrandir le monde, mais pour
agrandir l'Espagne ; cette terre nouvelle devient
entre leurs mains le tombeau de ses enfants et le
bagne de ceux d'Afrique. Les Turcs violent la Cir-
cassie, la Russie assassine la Pologne, l'Angleterre
empoisonne la Chine.

Les républiques antiques furent, au moins au
degré des monarchies, nationales, exclusives et jalouses. Ce n'est qu'aux abords de notre révolution
que le monde entend parler de la fraternité des peuples ; ainsi, en approchant de l'ère chrétienne, la
littérature latine, la philosophie grecque semblent
avoir des pressentiments. Et même le rôle grandis-
sant des affranchis à Rome, si honteux pour la
ville, l'est moins pour l'humanité.

Vingt-sept ans avant 89, Rousseau avait écrit (1) :
« Nous approchons de l'état de crise et du siècle
des révolutions. Je tiens pour impossible que les

______

(1) *Emile*, ii, liv. III.

grandes monarchies de l'Europe aient encore longtemps à durer. »

Une illuminée, Suzette Labrousse annonçait de
son côté la réunion de toutes les nations en une
seule famille. Le chartreux dom Gerle dit (1) à la
Constituante, en 1790, que onze ans auparavant,
elle lui avait communiqué un ouvrage qui, parmi
des prédictions déjà réalisées, telle que la réunion
d'une assemblée nationale et la cassation des vœux
monastiques, annonçait « la fédération de tous les
peuples de la terre pour ne former plus qu'un peuple de frères. » L'Assemblée passa à l'ordre du jour.

D'après la vieille Théot, autre amie de dom Gerle,
le cinquième sceau du nouvel évangile devait être
la réunion des peuples; on sait que le quatrième était
la mort des rois.

Le 19 juin 1790, l'Assemblée nationale, qui venait
de faire porter à la France le deuil de Franklin, vit
à sa barre un comité d'étrangers, qui se déclarèrent,
en face des protestations de la tribune diplomatique,
ambassadeurs des vrais souverains, des peuples opprimés. A leur tête, entre un Arabe et un Chaldéen,
était Anacharsis Clootz; né à Clèves, élevé en France,
ayant habité l'Angleterre, décoré du nom grec
d'Anacharsis, il prenait le titre d'orateur du genre
humain. L'Assemblée accueillit favorablement la
pétition, et le « genre humain » eut sa place au
Champ-de-Mars. On y vit aussi, parmi les objets
symboliques que portait le cortége de la fédération,
un globe aux couleurs françaises sur toutes les faces
duquel on lisait : ça ira.

(1) *Moniteur* de 1790, n° 175.

Sous la Commune toute-puissante, Clootz représenta l'élément cosmopolite au sein du parti hébertiste. Avocat d'office de la République universelle, il plaidait sa cause avec un certain éclat. « Les Italiens de Gênes, écrivait-il (1), font la guerre aux Italiens de Venise; mais les Français de Nantes n'ont que des procès avec les Français de Bordeaux. » Victor Hugo disait en 1867 qu'une bataille entre Prussiens et Français apparaîtra au vingtième siècle comme nous apparaît une bataille entre Picards et Bourguignons. « Le jour approche, poursuit Clootz, où un décret sur la famille universelle ne paraîtra pas plus surprenant que le décret sur la couleur indigo et le bouton jaune de la garde nationale de France. » Il condamnait les frontières des états comme Rousseau (2) « le fossé » et « les pieux » limitant les propriétés. Pas de fédération par conséquent, « pas plus de peuples que de despotes, » mais une « confédération individuelle » attendu que l'acier et le marbre doivent leur solidité à la « ténuité des parties intégrantes. » « Il n'y a pas deux genres humains, il n'y a donc pas deux souverains ! La famille du souverain compte autant de princes du sang que d'individus. » La République universelle, une et indivisible, république française élevée à la puissance du monde, n'eût en rien ressemblé aux « treize cantons, aux sept provinces, aux quatorze états. »

Elle eût eu pour capitale Paris à qui « l'ascen-

(1) *La République universelle* ou Adresse aux tyrannicides, par Anacharsis Clootz, orateur du genre humain. — L'an IV de la Rédemption.

(2) *De l'inégalité,* II.

dant des lumières combiné avec la force et la justice » confère naturellement le rôle de chambre
haute de l'humanité. Cette chambre haute fondée
sur « les lumières » rappelle l'idée de Proudhon et
de Victor Hugo demandant que l'Institut de France
fût, suivant l'un, le gouvernement et, suivant l'autre, le sénat de notre pays. Les censitaires de Juillet ont toujours refusé l'adjonction des capacités ;
les capacités contesteront peut-être un jour l'adjonction des fortunes.

Ne se doutant guère que, moins d'un siècle plus
tard, les adversaires de l'égalité des hommes, pris
d'un zèle soudain pour l'égalité des villes, dénie-
raient à Paris sa couronne de capitale de la France
au moment même où elle venait de se changer en
couronne d'épines, les hommes de 92 appelaient
Paris le chef-lieu du globe et la ville centrale des
hommes. On se souvenait que, puissant flambeau,
il avait dissipé le moyen âge, qu'il était, depuis
deux siècles, l'échanson des esprits parmi les nations attentives. La France est le pays qui a le
plus de voisins ; sa merveilleuse situation qui con-
fine à l'Orient par Marseille, à l'Amérique par le
Havre, fait d'elle le confluent des courants opposés,
le carrefour où les peuples demandent le chemin et
l'heure ; le doge aujourd'hui serait étonné de ne pas
s'y voir.

Voyez-vous en Allemagne ce Français écouté des
rois ; c'est un missionnaire, c'est Voltaire. Quoi
qu'on en ait dit, le despotisme de Paris est surtout
un despotisme de rayonnement, car ses idées attei-
gnent plus loin que ses décrets, nos tremblements
de terre font sonner les tocsins flamands.

Par malheur, et surtout depuis la seconde moitié du XIXᵉ siècle, Paris tend à devenir moins la capitale cosmopolite de l'idée que celle du plaisir et le tournoi des excentricités exotiques, ce qui a fait de la vie parisienne une mascarade à visage découvert où tous les climats se rencontrent face à face. On a jeté les pierreries des deux mondes dans les vitres du goût français ; le jardin français a courbé ses allées correctes, la tragédie est morte une seconde fois, le vaudeville s'est éteint sur les lèvres de notre Muse dépaysée ; le dollar et le rouble exercent dans Paris tous les droits du Seigneur ; pleurez, Muses et Grâces, le Minotaure est à Athènes ; moins d'esprit qu'autrefois aux vitrines des libraires, mais plus de chair que jamais sur l'étal de la débauche.

La Révolution avait eu beaucoup de tendances cosmopolites. Elle avait proclamé les droits de l'homme et non les droits du Français. L'ère nouvelle, le calendrier nouveau, le système décimal étaient des réformes de portée universelle, le système décimal surtout, dont les unités, prises dans la nature, ont le cosmopolitisme de la vérité.

La faute de la Révolution fut celle des apostolats religieux, elle crut trop au labour par l'épée, pas assez aux ailes de la parole et à la contagion des exemples. Elle réussit à jeter autour d'elle les républiques batave, ligurienne, romaine, parthénopéenne, mais la main qui les avait plantés arracha bientôt ces jalons ; les rois tombèrent encore, mais non plus les trônes. Napoléon aussi voulait le monde, Tilsitt n'est que la moitié du rêve.

Cependant Pitt réalisait contre notre grandeur

l'unité de la coalition et, plus tard, Alexandre celle de la Sainte-Alliance contre notre résurrection possible.

Des défenseurs de la Commune sont morts au cri de vive l'humanité, qui comprend à la fois la négation de la guerre et la négation de la patrie. A la séance du 12 Mai, mettant à l'ordre du jour le 128e bataillon de la garde nationale, la Commune à l'unanimité substitua à la formule proposée : Bien mérité de la patrie et de la Commune, la formule : Bien mérité de la république et de la Commune. Le drapeau rouge dont la Commune fit, deux mois durant, l'effrayant pavillon du vaisseau parisien, était présenté par elle (1) comme le drapeau de la république universelle. Le drapeau rouge n'est pas en effet un drapeau national, il n'a jamais fait que la guerre des rues et l'étranger ne le connaît pas. Par une de ces inconséquences dont abonde l'histoire, après avoir été sous la première Constituante le drapeau de la loi martiale et de la répression des émeutes, il fut arboré par elles et l'on sait que Lamartine l'épargna au gouvernement provisoire en disant à la foule, avec autant de politique peut-être que d'héroïsme : « le drapeau rouge n'a fait que le tour du Champ-de-Mars, traîné dans le sang du peuple ; » l'exemple concluait peu, puisque ce jour-là le drapeau rouge était du côté de la loi et dans la main de Lafayette.

Le drapeau de l'Internationale (2), arboré en 1866, sur le lac de Genève, au grand mât du bateau le Chablais et sous lequel frissonnaient les drapeaux

(1) Rapport de la commission des élections, *Officiel* du 31 mars.
(2) Fribourg.

de toutes les nations, était rouge aussi, avec l'inscription :

Pas de droits sans devoirs

Pas de devoirs sans droits

en lettres blanches.

L'idée de la république universelle en suppose deux autres : l'abolition de la guerre et la haine des rois. La corrélation de la république universelle et de la paix perpétuelle a été sentie par Clootz lui-même ; il se plaint cependant qu'on ait comparé son « plan utopique » au « rêve » de l'abbé de Saint-Pierre. Celui-ci mit son projet sous l'invocation de Henry IV qui, après avoir pacifié la France, avait en effet médité la pacification de l'Europe, d'accord avec la reine Elisabeth à laquelle était due, dit Sully (1), « une très-grande partie des articles du projet. » L'empereur n'eût plus été que le premier magistrat de l'Europe, réduite à quinze états, dont quatre républiques, n'ayant « rien à envier les uns aux autres du côté de l'égalité, ni rien à craindre du côté de l'équilibre. » Sur la carte d'Europe que Henry eût voulu rendre définitive, figurait la Pologne, royaume, et le Brandebourg, marquisat. Un conseil général de soixante membres, sur le modèle, dit Sully, des anciens Amphictions de la Grèce, siégeant par exemple à Metz ou à Strasbourg, eût non-seulement réglé les différends des confédérés, mais encore, et ce point suffirait à faire de Henry IV un précurseur de 89, établi un règlement entre les souverains et leurs sujets afin d'em-

(1) *Mémoires*, liv. XXX.

pêcher la tyrannie aussi bien que la rébellion.
Henry IV voulait en outre faire reconnaître le pape
même par les pays protestants comme le premier
« prince temporel » (1) et, à l'aide des forces de la
confédération, rejeter les Turcs, et peut-être les
Moscovites, hors de l'Europe chrétienne ; il estimait sans doute que la paix vaut bien une croisade.

En 1623, Emery de la Croix publia sous le nom
de *Nouveau Cynée* un projet pour une « paix géné-
ralle et la liberté du commerce par tout le monde. »
Il voulait réunir en permanence à Venise, comme
dans un lieu central, les ambassadeurs de tous les
rois et les agents de toutes les républiques ; cette
assemblée eût été souveraine. L'auteur établit entre
les représentants des puissances une hiérarchie
dans laquelle il donne au légat du pape le premier
rang tant à cause du « faict de spiritualité » que
« pour le respect de l'ancienne Rome, » l'ambassa-
deur de l'empereur des Turcs eût eu le second,
attendu que son maître tient le siége de l'ancien
empire d'Orient.

L'abbé de Saint-Pierre, infatigable champion
d'apaisement, voulait la suppression des procès
entre particuliers et, par la création d'un tribunal
européen, le changement des guerres en procès ; ce
qui est pour les hommes usage coupable et condamné
est l'idéal pour les états. Les plaideurs pèsent leurs
différends, les belligérants ne pèsent que leurs
épées ; ils en sont encore aux barbaries de ce qu'on
a eu l'impiété d'appeler le jugement de Dieu ; de là
ces prières qui s'élèvent des deux camps avant l'ef-

(1) Péréfixe.

fusion du sang. Il y a dans les écoles de droit des chaires de droit des gens, mais les professeurs avouent que la matière manque à leur cours. Les peuples pasteurs comme Abel ont vu les peuples agriculteurs comme Caïn compléter sinistrement le parallélisme. Conséquent avec son admiration pour Henry IV, l'abbé de Saint-Pierre (1) refuse à Louis XIV le titre de Grand.

La paix perpétuelle rencontra, à la fin du siècle, un autre défenseur, cette fois sur la rive droite du Rhin ; est-il d'ailleurs question mieux faite pour convier des esprits lointains ? Ce qui distingue le projet de Kant, c'est qu'il ne croit au droit « cosmopolitique » des chances sérieuses d'établissement et de durée qu'après que chaque Etat sera devenu république, ce qui veut dire pour lui suffrage universel, soumission de chacun à la loi, égalité de tous devant elle. On a reproché à l'abbé de Saint-Pierre de n'avoir pas eu la même vue; le reproche est peu mérité ; il a été aussi loin que le permettait son temps : antérieur à 89, il ne pouvait placer son idéal au-dessus de Henry IV.

Vingt ans après Kant, arrive Saint-Simon (2), dont l'idée, assez simple, consiste, tout en conservant les divers états d'Europe, à faire de l'Europe elle-même un pays constitutionnel avec un roi responsable, un ministère amovible, deux chambres. Il veut que le parlement européen soit propriétaire et souverain de la ville où il réside ainsi que de son territoire ; il lui donne le droit de lever des impôts sur la confédération. Ces deux idées sont un em-

(1) *Annales politiques.*
(2) *De la réorganisation de la société européenne.*

prunt évident au saint-siége. On ne pourra pas être élu membre de la seconde chambre à moins de 25,000 livres de rentes en terres ou être nommé par le roi à la chambre haute à moins de 500,000.

Le mérite individuel aura également accès au Parlement; il y entrera avec une dotation égale au revenu exigé des membres propriétaires. Saint-Simon avait cette tendance, signalée déjà chez des écrivains plus voisins de nous, à faire de la noblesse personnelle une éligibilité suffisante. Il avait une autre idée, assurément neuve en 1814, puisqu'elle semble l'être encore aujourd'hui, c'était de ne conférer le droit électoral qu'à ceux qui savent lire et écrire. Comme puissant embryon de son parlement européen, il voulait un parlement anglo-français, étrange rêve entre Toulouse et Waterloo.

C'est surtout le soir des grandes luttes que ces rêves consolants viennent au chevet des hommes; ils ramènent sur les déluges de sang l'ombre du rameau d'olivier. Tandis que les diplomates font un pansement, les philosophes cherchent le remède et, se frappant le cœur, se demandent si vraiment le mal participe à l'éternité de Dieu. Le projet de Saint-Simon parut pendant le congrès de Vienne, il en fut même question autour du tapis vert où M. de Talleyrand disputait la France désarmée aux ciseaux de la diplomatie. Le projet de Kant remonte au duel de l'Europe avec la Révolution. Le projet de l'abbé de Saint-Pierre est de l'année de la paix d'Utrecht, il est daté de cette ville où son auteur avait accompagné le plénipotentiaire français, l'abbé de Polignac. Il vit de près ce que coûte la paix et la désira perpétuelle.

Le congrès, dont il fut un moment question sous le second empire pour le règlement des difficultés européennes, est un reflet lointain des systèmes que nous venons d'énumérer. Comme progrès relatifs, rappelons la neutralisation des ambulances, la proscription des balles explosibles, l'abolition du droit de visite.

Par une étrange ironie du sort, l'abbé de Saint-Pierre avait souvent préconisé son projet de paix perpétuelle au club de l'Entre-sol, fondé par d'Argenson et Bolingbroke place Vendôme où, quatre-vingts ans plus tard, la victoire dressait son « pilier souverain » qu'après soixante autres années la Commune renversait comme « attentat à la fraternité (1); » la Restauration avait fait flotter le drapeau blanc à la place de la statue dépossédée, la Commune arbora le drapeau rouge sur le soubassement vide de la colonne.

Qu'est-ce que la guerre et comment faut-il la juger ? On ne peut, l'histoire à la main, s'empêcher d'y voir, pour les peuples, l'épanouissement de la virilité et souvent le déchirement fécond ; quant au guerrier qui tue et meurt, il réalise à leur paroxysme l'action et le sacrifice, l'idéal humain en deux mots.

Proudhon (2), tout en admirant, avec M. de Maistre, dans la guerre, les signes de la divinité de notre nature et la puissante source esthétique dont l'absence eût borné l'art aux fadeurs de l'Idylle, tout en considérant la paix perpétuelle comme « déjà condamnée, sous le nom de quiétisme, par l'Eglise

(1) Décret du 12 avril.
(2) *La guerre et la paix.*

de Jésus-Christ, » espère que la guerre a trouvé un successeur dans l'industrie. « Comment, dit-il admirablement, la guerre ne compterait-elle pas avec l'industrie, dont elle ne saurait seulement se distinguer ? » On avait espéré, jusqu'à ces derniers temps, que la guerre serait elle-même la victime des armes perfectionnées et que les moissonneuses des champs de bataille, plus rapides et nombreuses, finiraient par essouffler la mort. Quelques philanthropes l'espèrent encore et appellent de nouveaux progrès ; ils ont la conviction qu'un jour guerre et misère, sombres agonies, seront supprimées par la science, comme le pain efface les ombres d'un dessin. Chasser le nuage, c'est en effet chasser l'orage.

Un des principaux obstacles à l'établissement d'une nation unique est dans la diversité des idiomes. Serait-il possible de les ramener à un seul, de rendre par exemple un gosier castillan susceptible d'autant de consonnes qu'un gosier tudesque, ou de faire parler une langue analytique à certains peuples orientaux, dont l'esprit est encore enfant ? La langue, c'est la race. D'autre part, proclamer la République universelle sans avoir unifié le langage, ce serait travailler à la restauration de la tour de Babel.

Un avis de l'Officiel de la Commune convoquait les « professeurs des deux sexes » à une réunion qui devait avoir lieu à l'école Turgot, et dont l'ordre du jour portait : « Explication détaillée de la langue universelle inventée par François Sudre, et, s'il y a lieu, décision de son introduction dans l'enseignement public. » La réunion était fixée au 21 mai. Rappelons ici que parmi les desiderata de l'Internationale se trouvait « l'organisation d'un enseignement professionnel international (1). »

Anacharsis Clootz se flattait que le français pourrait devenir la langue universelle. Nos anciennes conquêtes ont fait du français la langue diplomatique, nos écrivains en ont fait la langue des salons, toutes les aristocraties d'Europe entendent le français, il fait en quelque sorte partie de la noblesse comme le latin fait partie de la foi.

S'il est difficile de trouver une langue qui serve de trait d'union entre tous les esprits, si la syllabe et la lettre varient à chaque pas, il n'en est pas de même du chiffre, signe universellement compris parce qu'il représente des rapports absolus. Le même compte est lisible des deux côtés de l'Atlantique parce que l'addition qui est juste à Bordeaux est également juste à Boston. Le chiffre est la langue du commerce; c'est au commerce que sont dus les grands rendez-vous des peuples; l'exposition de 1867 en a appelé un plus grand nombre que le siége de Troie. Après les foires qui étaient les expositions des provinces, les expositions qui sont les foires des nations. Après Leipsick, après Beaucaire, Paris et Londres, étapes nouvelles sur la route infinie. Les douaniers d'état, pour prendre le mouvement dans son ensemble et sans tenir compte des nécessités de l'instant présent, sont en train de rejoindre les douaniers de province, congédiés par 89. Cette toute-puissance du commerce a pour ministres la vapeur et l'électricité, grands agents de pacification; aussi le premier soin de la

____

(1) Congrès de Genève.

guerre est-il de couper fils et rails. C'est à ce cosmopolitisme que se rattachent les traités de commerce et les conventions monétaires, les projets de création d'une lettre de change internationale et l'invention d'un système uniforme de signaux entre tous les pavillons. Un jour viendra où les relations économiques suffiront à satisfaire le double besoin des peuples : antagonisme, expansion.

La paix universelle, c'est la république universelle, une ou fédérée; un prince pacifique est un contre-sens peu durable. La royauté a été couvée sous les ailes de la victoire; les Rubicons ne sont franchissables qu'aux conquérants. Comme César, la royauté a besoin d'avoir au front une couronne de lauriers qui cache les signes de la faiblesse humaine.

A côté de la haine de la guerre, la haine des rois; on repousse l'épée, mais on fait accueil au poignard. Félix Pyat est le maître du genre, en paroles bien entendu. En 1867, à Londres, aux obsèques d'un proscrit, il exprimait à des Français, qui arrivaient du congrès de Genève, l'espoir qu'ils avaient rapporté de Suisse la « flèche de Guillaume Tell. » En 1869, à Charonne, dans une réunion privée, il présentait Berezowski, Juarez « exécutant un empereur », comme l'idéal des ouvriers. On sait son toast « à la petite balle » en 1870. A cette époque, l'italien Tibaldi, condamné comme complice d'Orsini et qui était alors à la Guyane, était, par acclamations, nommé président d'honneur de maintes réunions publiques. On se rappelle qu'un banquet eut lieu à Saint-Mandé, le 21 janvier d'une des dernières années de l'empire. Un arrêté du « 16 floréal an 79 » devait bientôt décider la démolition de « l'immeuble connu sous le nom de chapelle expiatoire de Louis XVI. » « C'est sur les débris de tous les trônes, disait Clootz, que nous bâtirons l'édifice de la république universelle. » Il avait la haine impartiale; en votant la mort de Louis XVI, il ajouta : « Je condamne pareillement à mort l'infâme Frédéric-Guillaume. »

Les ennemis de la guerre et de la royauté devaient l'être aussi des armées permanentes qui sont la matière de la guerre et le soutien de la royauté. Les Voraces, les Marianne supprimaient l'armée en principe et minaient en fait la discipline. On entreprit, vers la fin de l'empire, une véritable campagne contre l'armée. On redemanda tous ces bras pour l'agriculture et, pour le mariage, un peu de cette chair à canon. On réveilla les griefs anciens et récents, on rappela que tous les pouvoirs, même usurpés, s'étaient appuyés sur la « force des baïonnettes » et que maintes fois elles avaient déchiré la toge parlementaire. « Pauvre armée, disait Félix Pyat, sa liberté est la consigne. Son égalité le sou. Sa fraternité le chassepot. » On se souvint en même temps que toute émeute heureuse avait été portée au pouvoir sur des crosses mises en l'air; de là l'idée de la *tribune militaire* ouverte, dans le Rappel, aux « revendications » des soldats, de là aussi la souscription organisée par le même journal afin d'exonérer les deux soldats du 71ᵉ envoyés de Belleville en Afrique.

Plusieurs écrivains de la presse républicaine avaient rapporté de l'exil certaines tendances cosmopolites; cependant il faut moins voir dans leurs efforts la négation des armées permanentes que le désir de faire passer dans le camp de la Révolution l'armée dont Napoléon III était le « commandant en chef. » Leur programme de conviction était la réduction du contingent, la mise sur le pied de paix, le rétablissement des gardes nationales et, en cas d'invasion, la levée en masse et la Marseillaise. Le tort de quelques journaux fut de prêcher tout à la fois le désarmement et la revanche de Sadowa. Une telle contradiction n'était à leurs yeux qu'une habileté de tactique contre un gouvernement qui ne donna pas toujours l'exemple du scrupule, mais c'était une tactique dangereuse, la France pouvait périr à ce jeu.

L'Internationale, plus logique, ne voulant pas de la guerre, le disait hautement; erreur ou vérité, elle se restait fidèle. Un manifeste de la section parisienne, en 1866, prenait pour épigraphe : « La cause première de la guerre, c'est l'armée; » il ajoutait qu'en faisant de la guerre un métier, on rendait la guerre inévitable. Dans leur mémoire au congrès de Genève, les délégués français présentaient la discipline comme « la négation de la liberté, par conséquent de la moralité du soldat; » et énuméraient ce que la guerre coûte à la production. Les Internationaux parisiens eussent voulu que les apprentis des différents pays fissent tous un tour d'Europe afin d'en rapporter, avec un perfectionnement professionnel, des sentiments de fraternité. Les événements de 1870 ont trop prouvé qu'il y a des hommes qui savent faire la guerre à leurs hôtes.

Lors de la guerre de 1866, la section française échangea avec les socialistes allemands des protestations pacifiques. « La démocratie, écrivait-elle dans le *Courrier français*, n'est ni française ni anglaise; elle n'est pas plus autrichienne que prussienne; » « en un mot la démocratie est universelle et c'est cette universalité qui est le gage de son succès. » Elle disait encore aux Allemands : « Il ne s'agit point de décider par les armes la nationalité d'un lambeau de territoire, mais bien de réunir nos efforts pour y faire régner l'équité. » « Vainqueurs, vaincus, nous n'en serons pas moins victimes. La guerre entre peuples ne doit être considérée que comme une guerre civile. » A quoi le congrès de Bruxelles ajoutait deux ans plus tard qu'entre la France et l'Allemagne ce serait une guerre civile au profit de la Russie. Il invitait les travailleurs de tous pays à organiser la grève des peuples contre la guerre. En 1871, l'assemblée générale des sections genevoises entrait dans certains détails à ce sujet et préconisait le refus de travailler aux engins et munitions de guerre, avec une organisation solidaire en vue de refuser l'impôt du sang.

Le congrès de Lausanne avait adhéré par avance à la Ligue de la paix et promis son concours pour l'abolition des armées permanentes et le maintien de la paix dans le but d'arriver à l'émancipation de la classe ouvrière, ainsi qu'à la formation d'une « confédération d'États libres dans toute l'Europe. » Le congrès de Bruxelles alla jusqu'à inviter la Ligue à se dissoudre, comme n'ayant pas de raison d'être « en présence de l'œuvre de l'Internationale. » La Ligue se divisa et la minorité se constitua en Alliance internationale de la démocratie socialiste présentée par elle comme une branche de l'association internationale des travailleurs. Son chef était Bakounine, Russe et nihiliste, car on voit constamment le radicalisme des internationaux s'exagérer en raison inverse du libéralisme de leurs gouvernements respectifs. Au programme de l'Alliance figurait la disparition des Etats politiques dans l'union universelle des libres associations, tant agricoles qu'industrielles. Bakounine faisait voter par le congrès de Bâle, en 1869, « la destruction de tous les Etats nationaux et territoriaux, et, sur leurs ruines, la fondation de l'Etat international des travailleurs. » Ces hommes sont concitoyens de l'intérêt, et ne veulent pas d'autre patrie. Un membre de la minorité de la Ligue de la Paix, plus tard membre de la Commune, poussa le cynisme jusqu'à dire, à Berne : « Plutôt que rien conserver de cette ancienne organisation sociale, je serais peut-être amené à demander l'invasion des barbares. »

A la veille de la déclaration de la guerre, un manifeste de la section parisienne aux « travailleurs de tous pays, » particulièrement aux « frères d'Allemagne » et aux « frères d'Espagne, » condamnait la guerre au nom de la liberté ; après Sedan, elle s'adressait de nouveau au peuple allemand pour lui rappeler que, de l'aveu même de son gouvernement, il ne faisait pas la guerre au peuple français. Le manifeste parlait ensuite de la liberté, de l'égalité, de la fraternité des peuples, des Etats-Unis d'Europe, de la République universelle. De leur côté, quelques internationaux allemands protestèrent contre l'annexion de l'Alsace et de la Lorraine.

La Commune, imbue des idées de l'Internatio-

nale, ne voulait d'autre armée que la garde nationale, armée citoyenne, mariée, élective; elle décréta
l'abolition de la conscription; il est vrai qu'elle décrétait aussi la poursuite des réfractaires; la guerre
civile, voilà donc le dernier mot de ces pacificateurs
des peuples. Ils se disaient, ils se montrèrent prêts
à respecter les conditions de la paix, mais envers
les Prussiens seulement; ils n'hésitèrent pas à frapper la France amputée. Marcel avait appelé les
Anglais, la Ligue et la Fronde les Espagnols, la
Commune n'appela pas les Prussiens, mais elle
profita au moins du « moment psychologique » que
leur présence lui offrait. Elle déploya du côté de
Saint-Denis le fanion blanc, tandis que du côté de
Versailles elle déployait le drapeau rouge.

De toutes les conditions faites au gouvernement
de Versailles dans ces essais de conciliation, d'ailleurs trop sévèrement jugés, la plus inacceptable
était assurément l'interdiction de la capitale à l'armée régulière.

Les ligues de conciliation eurent l'immense tort
de montrer moins de penchant pour le gouvernement
légal que pour le gouvernement insurrectionnel
dont, chacune, elles représentaient quelque tendance.
La Ligue républicaine des droits de Paris se ren-
contrait avec la Commune dans la foi républicaine,
les délégués des conseils municipaux, qui tentèrent
de se réunir à Bordeaux, partageaient peut-être,
dans une certaine mesure, ses idées fédéralistes ou,
du moins, voulaient une large décentralisation; les
francs-maçons enfin étaient, comme la Commune,
empreints de cosmopolitisme.

Les francs-maçons, qui prétendent rattacher le

premier lien de leur association à la construction du temple de Salomon dont les Templiers ont pris le nom comme habitants de ses ruines, surtout comme soldats de Dieu, se sont faits, au xviii° siècle, les défenseurs de la mémoire des célèbres chevaliers; comme eux, comme tant d'ordres religieux, ils ont véritablement un caractère cosmopolite. Sous le premier empire!, durant cette épopée qui unit les lointains de l'Odyssée aux cliquetis de l'Iliade, un grand nombre de nos compatriotes rencontrèrent au loin des frères dans la bonne acception du mot, et éprouvèrent ce que vaut, à certaines heures, la poignée de main maçonnique.

Les loges parisiennes firent en faveur de la conciliation plusieurs démarches. Des milliers de francs-maçons escortés d'un piquet de chasseurs fédérés, s'avancèrent entre les lignes des combattants, bannières déployées. Plus heureux auprès des troupes de Versailles que ne l'avait été auprès des fédérés la manifestation de la place Vendôme, ils virent cesser le feu à l'approche de leur « bannière blanche: Aimons-nous les uns les autres. » Les hostilités ne furent reprises que le lendemain; déjà une précédente démarche de la maçonnerie avait obtenu du chef du pouvoir exécutif une suspension d'armes de neuf heures, grâce à laquelle les habitants de Neuilly étaient sortis de leurs caves, bien près de devenir leurs tombes, comme ces amphores qui servaient d'urnes cinéraires dans les cimetières phocéens. La canonnade ayant recommencé, malgré les soixante-deux bannières qu'ils avaient plantées sur le rempart, les francs-maçons de Paris, ou ceux qui disaient représenter leur « fédération, » se

prononcèrent nettement pour la Commune et adres-
sèrent « à leurs frères de France et du monde entier »
un appel à la « maçonnerie universelle, » disant
que la cause de Paris était celle de l'humanité, que
l'embrasser était bien mériter de la « patrie universelle » et assurer le bonheur des peuples dans
l'avenir.

Quelle conclusion doit être la nôtre? Se rappelant qu'ils sont tous parents et que « la (1) distance des
lieux n'amoindrit point la proximité du sang, » les
hommes s'appelleront-ils un jour : mon frère, comme
les rois se disent : mon cousin? L'humanité, qui
aujourd'hui a les mille centres d'un polype, par-
viendra-t-elle à l'unité des êtres supérieurs ? Le cœur
humain ne battra-t-il pas un jour assez fort pour
briser les vieilles armures sanglantes qui le glacent
et l'isolent? Déjà l'humanité rougit d'être homicide,
à son front monte la pudeur, et c'est l'aurore de
l'amour.

De même qu'un entassement d'éphémères forme à
la longue un continent, la superposition des utopies
finit par faire un progrès. Je suis homme, dit le
Chremes de Térence, rien de ce qui est humain ne
m'est étranger. Je suis citoyen du monde, dit Cicéron, et il eut le droit de le dire, lui l'avocat des
Allobroges et de la Sicile. Fénelon veut qu'on
préfère l'humanité à la patrie, Lamartine dit que
l'égoïsme et la haine ont seuls une patrie.

Ces grands esprits vont trop loin, le choix dont
ils parlent ne peut s'offrir à l'homme; à cette heure
plus qu'à toute autre le devoir suprême est envers

____

(1) *Le Nouveau Cynée.*

la France, nous nous devons au chevet maternel, à sa douleur, à son espoir, à sa guérison. Quand le foyer saigne et pleure, ce n'est pas le temps de s'accouder rêveur devant l'élargissement de l'horizon.

Cette heure viendra après celle de la justice. Alors nous verrons l'homme lancer à la guerre son vade retro, l'exorcisant avec toutes les larmes qu'elle fit répandre, la palme passer de celui qui tue le plus à celui qui crée le mieux, et, de plus en plus, dans le ciel adouci, Prométhée éclipser Hercule.

RÉFORMES ADMINISTRATIVES

Nous comprenons sous ce titre les réformes qui furent annoncées ou tentées par la Commune de 1871, dans l'ordre judiciaire et militaire, ainsi que dans l'instruction publique. Ici encore le passé sert de guide : en dehors de la réforme sociale, la Commune n'eut point d'idées originales; les hommes qui la composaient avaient plus l'érudition que la science révolutionnaire, et ils vécurent à la hâte d'emprunts aux précédentes révolutions.

Dans l'ordre judiciaire , ils proclamèrent des principes si vrais et si sûrs , qu'ils durent n'en point user pour les tristes besoins de leur cause et que, tout en les affirmant, ils instituèrent, au nom du salut public, des tribunaux d'exception, des procédures rapides, des formes de jugement auxquelles même ils ne s'astreignirent guère dans l'exécution.

Ils déclaraient le secret immoral et pourtant ils le maintenaient, pour un temps, disaient-ils, pour complaire à Rigault ; ils voulaient le jugement par les pairs, la liberté de la défense, et ils votaient le jury d'accusation et la loi des otages. Nous avons donc plus à nous occuper de ce qu'ils prétendaient faire, de ce qu'ils auraient peut-être fait en des temps calmes, que de ce qu'ils ont exécuté en réalité ; et, comme les principes, qu'ils ont relevés sans les suivre, font parti du programme révolutionnaire moderne et menacent notre organisation actuelle, nous avons intérêt à les connaître.

Les principes d'ailleurs ne sont pas nouveaux ; on les retrouve compris et appliqués en France avant que la centralisation monarchique eût fait de la suzeraineté de l'Ile-de-France une royauté absolue, pendant tout le moyen-âge, qui fut une ère de grande liberté politique pour les classes privilégiées. Les révolutions n'ont fait souvent que revendiquer en les systématisant les vieilles franchises barbares, que le triomphe des invasions avait imposées à l'empire romain, et qui substituèrent pendant six siècles un instinct puissant de liberté et un fier sentiment de dignité individuelle à l'esprit corrompu et dégénéré de la servitude impériale.

Le jugement par les pairs,

L'élection des magistrats,

La liberté de la défense,

Tels sont les principes « d'intérêt social et d'équité, supérieurs à tous les événements » que formula le délégué à la justice de la Commune du 26 mars (1).

Le jugement par les pairs est la forme la plus an-

<hr>

(1) Décret du 22 avril, *Journal officiel* du 25 avril

cienne de la justice humaine ; les Hébreux le trouvaient dans leurs *Sophetim*, les Grecs dans leurs
Dicastères institués par Solon ; à Rome, le peuple
jugeait lui-même les causes criminelles, dans ses
comices, et, par l'élection des magistrats temporaires, intervenait dans l'administration de la justice.

Les *placita* germains, les *plaids* francs, qui n'é-
taient que des tribunaux barbares, se composaient
de la réunion des hommes libres ; et même après
que Charlemagne se fût saisi de la puissance judiciaire, en s'arrogeant la nomination des *scabini*, les
seigneurs féodaux conservèrent toujours avec soin
le droit primitif de n'être jugés que par leurs pairs.

De cet antique droit est né le jury, emprunté
par nous, dans sa forme moderne, à l'Angleterre, qui
nous a toujours précédés en révolution politique.

Montesquieu, dont l'admiration pour la Constitution anglaise prépara la Constitution de 91, disait :
« La puissance de juger ne doit pas être donnée à
un sénat permanent, mais exercée par des personnes tirées du corps du peuple. Il faut que les juges
soient de la condition de l'accusé, ou ses pairs. (1) »

Le principe du jury fut accepté sans opposition
à l'Assemblée constituante de 1789 ; on ne discuta
que l'application, car « si tout le monde voulait le
jury, disait Thouret, tout le monde ne le voulait pas
de la même manière. »

Contre la prudence des Girondins qui désiraient
restreindre l'intervention du jury aux matières criminelles, le radicalisme des Jacobins voulait faire
du jury la base même de l'organisation judiciaire,

____

(1) *Esprit des lois*, XI, VI.

aussi bien au civil qu'au criminel. Robespierre soutenait ce système, plus voisin du système anglais, par des arguments qui ne manquent ni de force ni d'éloquence :

« Il est impossible, disait-il, de juger légitimement, même au civil, sans jurés. C'est comme si l'on disait au peuple : Nous voulons bien vous laisser le droit de votre vie, mais non de votre fortune. Quelles différences peut-on trouver entre les deux parties de notre procédure ! Dans l'une il s'agit de l'honneur et de la vie, dans l'autre, de l'honneur et de la fortune. Si l'ordre judiciaire au criminel sans jurés est insuffisant pour garantir ma vie et mon honneur, il l'est également au civil, et je réclame les jurés pour mon honneur et pour ma fortune. »

L'Assemblée Constituante n'admit le jury qu'en matière criminelle, et la Constitution de 1791 portait : « Nul citoyen ne peut être jugé en matière criminelle que par des jurés. » Les nombreuses Constitutions que nous avons traversées depuis n'ont apporté que des changements de détail sans modifier le fait principal.

La Commune reprenait en ce point l'idée jacobine ou, ce qui est plus exact et moins effrayant, le système anglais.

L'élection des magistrats, que la Commune réclamait ensuite, a été la forme primitive et, il semble, la plus naturelle de l'organisation judiciaire chez la plupart des peuples. Les Grecs et les Romains élisaient leurs magistrats ; ce droit, pratiqué par les Barbares, puis souvent contesté et parfois supprimé par le caprice des seigneurs féodaux, ne périt pourtant pas entièrement au moyen-âge ; mais l'extension des prérogatives royales l'amoindrit peu à peu, et la vénalité des offices, le déplorable expédient financier de François Ier, le fit disparaître.

La justice, qui doit éclairer le pouvoir, devint son humble servante, et on sait les abus, les complaisances dont elle se rendit coupable pour le bon plaisir du maître. La Révolution revint à l'ancien système, et la loi du 24 août 1790 décida que la justice serait rendue au nom du roi, mais que les juges, élus par les justiciables, ne recevraient du roi que l'institution, de pure forme.

La Constitution de l'an VIII, qui fut comme le nid d'où l'aigle allait bientôt s'envoler, porta une première atteinte au droit électif, en décidant que les juges seraient nommés à vie par le gouvernement, sur des listes d'éligibles comprenant le dixième des citoyens appelés à les dresser. Elle laissait les juges de paix à l'élection.

La Restauration supprima même cette dernière apparence, et le gouvernement centralisa la justice, en lui laissant l'étiquette d'une inamovibilité plus que neutralisée par les intérêts de l'avancement et de l'ambition.

La Commune poursuivait toujours l'œuvre de la Révolution en proclamant la liberté de la défense, et en abrogeant le monopole discutable des avocats. Il est très-juste que des plaideurs ou des accusés puissent réclamer le secours de la science ou de l'éloquence d'hommes nourris dans le sérail des lois, mais on comprend peu que chacun n'ait pas le droit absolu de confier la défense de ses intérêts ou de sa personne à qui lui plaît.

Le monopole des avocats parut nécessaire au moyen-âge, avant le XVIe siècle, à une époque où le droit n'était qu'une compilation d'arrêts ou de législations barbares , dans une langue barbare aussi ; ce fut Philippe de Valois, alors régent, qui l'établit par l'ordonnance du 13 février 1327 : « que l'advocat ne sera receu à plaider, s'il n'est juré suffisamment, ou son nom escrit au Roole des advocats. » (Art. 41.) La Révolution ne fit pas grâce à ce privilége, et l'art. 10 du décret du 11 septembre 1790 déclara « que les hommes de loi, ci-devant avocats, ne formeraient ni ordre, ni corporation. »

Après de nombreuses tentatives de centralisation, sous prétexte de réorganisation, le pouvoir impérial fut amené à rétablir définitivement le monopole, par le décret du 14 décembre 1810.

On voit que si nous renonçons à l'Empire, nous ne paraissons pas disposés à renoncer à ses bienfaits ; c'est pourtant la pression despotique de l'administration impériale, si chère à tous les pouvoirs, qui a empêché et empêche encore en France le fonctionnement régulier des institutions libérales, en mettant aux mains de l'autorité, roi, empereur ou ministres, une force qui les tente et dont il ne leur déplaît pas d'user ; l'administration française s'est montrée assez docile à tous les régimes pour qu'on puisse la comparer sans irrévérence à un pantin qui marche par un seul fil ; pour gouverner la France, il a suffi et il suffira encore de tenir ce fil-là.

Le programme des réformes militaires tentées par la Commune lui fut inspiré autant par les nécessités de sa propre situation que par l'influence des idées qui avaient cours depuis longtemps dans le parti libéral sur la question. En supprimant les armées permanentes (1), en décrétant l'obligation du service dans la garde nationale et par suite l'abolition de la conscription (2), et en maintenant l'élection des officiers, le gouvernement insurrectionnel de Paris ne faisait que réaliser les vœux que les réclamations de l'opposition sous tous les régimes avaient rendus populaires.

En dépit de quelques opinions surannées, que l'expérience la plus décisive (3) ne parvient pas même à éclairer, l'incompatibilité du système des armées permanentes avec le sincère désir de la paix, avec les nécessités économiques des budgets, et les intérêts moraux et industriels d'une nation, doit être désormais reconnue.

La parole de Montesquieu : « La France sera perdue par les gens de guerre (4) » ne nous paraît-elle pas aujourd'hui une parole tristement prophétique, et n'avons-nous pas le devoir de méditer la pensée qu'exprimait, en 1816, après l'autre invasion, M. de Rotteck (5), publiciste allemand : « Un peuple qui abandonne la défense de sa liberté à une classe particulière, devient incapable de résister par lui-même aux agressions les plus injustes. » L'histoire nous montre toujours les armées permanentes, dont l'établissement en France remonte à

(1) Proclamation du comité central, du 24 mars.
(2) Décret de la Commune, au *Journal officiel* du 30 mars.
(3) Expérience des États-Unis, par exemple, et des guerres de la Convention.
(4) Montesquieu. — *Pensées diverses*.
(5) De Rotteck, — *Des armées permanentes et des milices nationales*.

Charles VII, instigateurs de conquêtes ou instruments de despotisme, fort onéreux aux budgets.

Le maintien de la profession de soldat est encore pour nous un expédient qui perpétue les vices de notre organisation, et entretient fatalement des espérances de revanche qu'il lui est difficile de remplir : même après nos défaites, tout citoyen n'a pas le patriotisme d'être soldat, tout gouvernement ne se sent pas l'énergie de l'exiger : il règne en toute chose une désespérante atonie; il n'y a que les petits hommes qui aiment les petits moyens.

La suppression de la caste militaire entraîne l'organisation des forces nationales sur un vaste plan régional et la création de milices qui se rapprochent à certains égards de la garde nationale moderne.

Le service militaire était autrefois obligatoire pour tous; il permit aux Francs en désordre de vaincre les magnifiques légions de Rome; au milieu de la vie civile et commerciale qui devait bientôt les plier à une civilisation nouvelle, le foyer domestique garda les armes que la tente avait abritées et qui, la conquête une fois assurée, n'étaient plus que les gages de la liberté privée et de la sécurité publique. Chaque ville avait une milice bourgeoise qui veillait à la sûreté des citoyens; un capitulaire de Charlemagne, de l'an 813, punit de quatre sols d'amende ceux qui refusaient le service de garde auquel ils étaient tenus.

Quand vint le mouvement de liberté des communes, au moyen-âge, le droit de s'armer, réclamé par les bourgeois, leur fut accordé par Louis-le-

Gros et ses successeurs « pour le maintien et la défense de leurs libertés publiques (1). »

Sous saint Louis, les habitants de Paris demandèrent au roi la permission de faire le guet pendant la nuit (ordonn. de déc. 1254), et les corporations de métiers furent contraintes à ce service par de nombreux arrêts du Parlement (XIIIe siècle). Ces bourgeois armés, placés sous la direction de leur magistrat élu, le Prévôt des marchands, formaient le *guet assis*, par opposition au *guet royal*, composé de soldats et chargé des rondes.

Le guet assis fut supprimé par un édit royal de 1559, à l'occasion des troubles de la Ligue, puis rétabli par l'autorité des bourgeois dès 1561. Les officiers recevaient leur commission du prévôt des marchands et des échevins, élus par le peuple; un édit de septembre 1703 attribua au roi les nominations; les colonels seuls restèrent soumis à l'élection.

Cette organisation n'était pas particulière à Paris, les villes avaient leurs milices, et dans les campagnes mêmes, les paysans aimaient à manier l'arquebuse ou le fusil dont ils devaient faire usage plus tard, à la révolution; pendant les troubles de la Fronde (2), les paysans du Limousin se réunissaient encore chaque dimanche, suivant une ancienne coutume, pour faire en commun des exercices militaires, sous la conduite de vieux soldats chargés par les seigneurs de les diriger.

La *garde bourgeoise parisienne*, réorganisée par le comité de la ville de Paris, le 13 juillet 1789,

(1) Voyez les nombreuses Chartes de Commune.
(2) Saint-Aulaire. — *Hist. de la Fronde*, I. — XI.

prit le 7 août suivant le nom de *garde nationale*.

Une loi de décembre 1790 étendit le système à la France entière, et une autre loi, du 19 août 1792, constitua la garde nationale de Paris en véritable armée, partagée entre les 48 sections, avec artillerie et cavalerie à chaque section.

Dans le sublime élan patriotique de 1793 contre l'Europe coalisée, la Convention, au nom de la patrie en danger, décréta la levée de 300,000 gardes nationaux volontaires. La Vendée se souleva, mais la France fut sauvée.

Des lois nombreuses ont modifié fréquemment cette institution; nous ne nous arrêterons qu'aux deux sénatus-consultes de 1805 et de 1812, où les Prussiens, qui ont tant étudié Napoléon et ses œuvres, ont pris visiblement l'idée organisatrice de leur landwehr. Ces sénatus-consultes faisaient entrer les citoyens de 20 à 60 ans que ne prenait pas le service actif, dans la garde nationale sédentaire divisée en trois bans, le premier, de 20 à 26 ans, destiné à la défense des frontières et à la garde des places fortes, le second, de 26 à 40 ans, et l'arrière-ban, de 40 à 60 ans, appelés, en temps de guerre, au service intérieur. On ne leva que 88 cohortes du premier ban, qui donnèrent 92,400 hommes.

La garde nationale de 1792 (loi du 14 octobre, section 2, art. 16) avait le droit d'élire ses officiers à la majorité absolue et ses sous-officiers à la majorité relative.

Napoléon III, par le Sénatus-consulte de 1805, s'attribua la nomination des officiers, qui ne fut rendue dans toute son intégrité à la garde nationale que par la loi du 25 mars 1831 (section 4, article 50).

Au point de vue militaire, la Commune de 1871 ne décrétait donc que le retour à des formes déjà anciennes et plusieurs fois essayées.

On croit assez généralement que sur la question de l'instruction publique, la Commune tenta des innovations hardies, en décrétant l'enseignement laïque, gratuit et obligatoire. Mais la gratuité et l'obligation de l'enseignement ne sont choses nouvelles et redoutables que pour ceux qui paraissent précisément en avoir le plus besoin, puisqu'ils ignorent ce dont ils parlent, et qu'ils craignent ce qu'ils ne connaissent point.

Richelieu, peu partisan de l'instruction obligatoire, a dit dans son *Testament politique* : « L'instruction ferait déserter en peu de temps la pépinière des soldats, qui s'élève plutôt dans la rudesse de l'ignorance que dans la politesse des sciences. » Nous avons appris malheureusement depuis que le cardinal se trompait.

Voltaire croyait aussi qu'il ne convenait pas que le plus grand nombre des enfants apprissent à lire, à écrire, à chiffrer, parce que la culture de la terre ne demande qu'une intelligence très-commune (1).

Mais la grave question de l'instruction publique, si grosse d'intérêts pour le peuple, qui ne peut trouver que là les véritables garanties de liberté, de dignité, d'émancipation morale et sociale, fut toujours agitée en France, et si la trace qu'elle a laissée dans l'histoire est peu profonde et surtout peu suivie, il

___

(1) *Dictionnaire philosophique*, art. Fertilisation. — Relire aussi la lettre du 18 nov. 1771, adressée à Catherine II.

n'est pas moins curieux de la relever aujourd'hui.

Dès 1560, les Etats-généraux d'Orléans demandent que « les pères et mères soient tenus, à peine d'amende, d'envoyer leurs enfants aux écoles qu'on allait établir pour l'instruction de la pauvre jeunesse du plat pays. » Henry III reçoit en 1582 une pétition de la noblesse de France, qui le supplie d'appliquer des peines à ceux qui n'enverraient pas leurs enfants à l'école.

Henry IV, qui avait l'amour et l'intelligence des classes populaires, OBLIGEA enfin les parents d'envoyer les enfants aux écoles, jusqu'à l'âge de 14 ans (édit de 1598). Une déclaration royale de 1724 renouvela la même obligation; les procureurs royaux durent dresser un état des parents qui n'enverraient pas leurs enfants à l'école pour qu'ils fussent poursuivis.

S'il eût été instruit de ces faits, M. Verhœgen, député catholique belge, qui parlait à la Chambre des représentants de Bruxelles, le 24 janvier 1859, contre l'instruction obligatoire, n'eût pas émis cette assertion aussi fausse que singulière : « Il y a eu certains jeunes libéraux, comme Louis XIV et Frédéric II, qui ont proclamé l'instruction obligatoire. »

Sous l'ancien régime, l'Université même se plaignait que l'instruction fût trop répandue; dans ses requêtes contre les jésuites, qui donnaient l'instruction gratuite, l'Université leur reprochait d'avoir couvert la France « d'écoles qui dérobaient des bras à l'agriculture, à la milice et au commerce, sans utilité pour le pays. »

L'Université comprit cependant qu'elle ne pouvait lutter qu'en offrant elle aussi l'instruction gratuite, « pour ouvrir plus que jamais les écoles aux pauvres (1). »

Il était réservé au Régent, pendant la minorité de Louis XV, d'attacher son nom à cette réforme populaire dont le retentissement fut immense alors.

Des lettres-patentes du 14 avril 1719 déclarèrent « que l'instruction de la jeunesse serait donnée gratuitement dans les colléges de plein exercice, sans que, sous quelque prétexte que ce fût, les régents pussent exiger aucuns honoraires de leurs écoliers. »

L'Université témoigna sa reconnaissance dans ses compliments au roi, au régent, au garde-des-sceaux, par une procession solennelle à St-Roch et par des pièces tant en vers qu'en prose, en français, en latin et en grec, qui célébraient ce grand bienfait. « Vous avez compris, monseigneur, disait le recteur Coffin dans sa harangue au duc d'Orléans, que l'éducation de la jeunesse est le premier et le plus solide fondement de la gloire et de la félicité des Etats. » Au mois de décembre suivant, Rollin prononça son beau discours sur la gratuité de l'instruction.

L'Assemblée constituante ne voulut qu'étendre le principe de la gratuité ; le rapport sur l'instruction publique, présenté par M. de Talleyrand, et qui accordait, avec la plus complète liberté d'enseignement, la gratuité au degré primaire, ne fut pas suivi d'exécution.

La question fut remise à l'étude, et le nouveau rapport, lu le 21 avril 1792, et dû à Condorcet, exprima des opinions dont la Commune de 1871 s'est certainement inspirée : « La Constitution ne per-

______

(1) Mémoire du recteur Demontampuys.

met point, disait-il, d'admettre dans l'instruction publique l'enseignement religieux, qui, en repoussant les enfants d'une partie des citoyens, détruirait l'égalité des avantages sociaux, ou donnerait à des dogmes particuliers un avantage contraire à la liberté des opinions. »

Ce point delicat n'offre plus de difficultés si, à côté de la gratuité et de l'obligation, on décrète la liberté de l'enseignement ; il est bon que le père soit obligé d'envoyer son fils à l'école, mais à l'école qu'il choisira pour lui : le reste est l'œuvre du temps, de la vérité, du progrès.

Le monopole universitaire fut aboli par la Convention et rétabli naturellement par Napoléon 1er, qui voulait un enseignement d'Etat, comme il avait une religion d'Etat.

Un peu plus tard, pendant les Cent jours, dans l'accès de libéralisme inspiré par le désir de faire oublier la Charte, l'Empereur voulut déclarer l'instruction obligatoire, *« désirant porter cette partie de nos institutions à la hauteur des lumières du siècle.* » (Décret du 27 avril 1815.) Les événements emportèrent le projet et son auteur, et.... le dernier recensement prouve qu'en France 1 million 600 000 enfants ne reçoivent aucune espèce d'instruction.

L'instruction est obligatoire :

En Suède et en Norwége, depuis le 16 mai 1860 ;

En Danemark, en Prusse, en Autriche ;

En Suisse, depuis 1832 ;

En Espagne, depuis le 9 sept. 1857 ;

En Portugal, depuis 1844 ;

En Italie, depuis le mois de novembre 1859 ;

Dans plusieurs Etats de l'Amérique ;

En Turquie, l'instruction est gratuite et obligagatoire depuis 1846.

Nous demandons pour la France l'instruction comme en Turquie.

« Une nation, dit J. B Say, dont tout membre ne sait pas lire, écrire et compter, n'est pas encore complètement tirée de la barbarie. » (1)

« L'Etat, disait au parlement de Francfort, l'éminent archevêque de Mayence, Mgr de Ketteler, l'Etat a le droit d'exiger de chaque citoyen un certain degré d'instruction, et d'obliger les parents à l'assurer à leurs enfants. »

Voilà comment parlent les évêques..... en Allemagne.

A titre d'expédient financier, la Commune de 1871 accomplit par un simple décret une grave réforme économique, devant laquelle paraissent avoir reculé les révolutions antérieures, au moins sous une forme aussi radicale.

Nous voulons parler de l'abolition de la vénalité des charges d'huissiers, notaires, commissaires-priseurs et greffiers de tribunaux, insérée au *Journal officiel* de la Commune du 24 avril ; la Commune leur allouait un traitement fixe, les obligeait à verser chaque mois, entre les mains du délégué aux finances, les sommes perçues pour les actes de leur compétence, et les mettait ainsi au rang des fonctionnaires publics.

Les économistes ont signalé de tout temps les abus qu'entretient la vénalité des offices publics, née des besoins d'argent des rois, autorisée par François Ier,

____

(1) *Économie politique*, III, 7.

légalisée et imposée par Henri IV (édit de Paulette). Elle met certaines fonctions exclusivement à prix d'argent, et laisse en outre l'examen des faibles conditions de capacité requises à la discrétion de ceux qui ont intérêt à se contenter des plus ordinaires ; elle favorise l'usage illégal des contre-lettres, et, par l'exagération possible du prix de cession, encourage des trafics dont le public doit ensuite porter tout le poids.

« Plus on avance, plus le mal s'aggrave, disait Rossi (1). Le jour où le gouvernement voudrait recouvrer sa liberté d'action, il n'aurait à opter qu'entre deux graves inconvénients, une spoliation révolutionnaire, ou un sacrifice énorme pour le Trésor, et cela pour avoir sanctionné la transformation d'une fonction personnelle en une propriété transmissible, et laissé revivre en partie une vieille coutume, qui devait rester à jamais ensevelie avec les fiefs, les jurandes, les substitutions et le servage, sous les ruines de l'ancien régime. »

Le fait de propriété, qui résulte aujourd'hui de la tolérance du premier empire, et de la sanction de la loi de finances de 1816, impose au réformateur, vis-à-vis des titulaires actuels, le respect d'un droit acquis ; la Commune, moins délicate dans ses moyens, adopta le système plus expéditif de la spoliation, et rétablit, sans compensation pour les privilégiés dépossédés, le régime primitif en vigueur à l'époque de la création des offices.

Les notaires et autres officiers de justice n'étaient à l'origine que les fonctionnaires du roi ou des sei-

(1) Cours d'*Economie politique*.

gneurs; en 1270, Louis IX établissait à Paris 60 notaires qui intitulaientl eurs actes du nom du prévôt de Paris ; Philippe-le-Bel, en 1302, étendit cette organisation à tout le domaine royal ; puis on vit bientôt des seigneurs à court d'argent céder les charges moyennant finances ; les rois les imitèrent, et François Ier généralisa ce commerce. Les Etats-généraux protestèrent souvent ; en 1614, notamment, le corps de la noblesse demanda « que les charges ayant titre d'office ne fussent pas transmissibles par vente ou autrement, mais que le roi y nommât gratuitement les plus dignes. »

La Révolution, qui liquida si consciencieusement le vieux bilan monarchique, retrouva ce souhait dans l'inventaire des vœux oubliés, et y fit droit par la loi du 6 octobre 1791, qui déclarait que les notaires seraient délégués directement par le pouvoir exécutif, nommés au concours (art. 1, tit. IV), et choisis par rang d'inscription (art. 14 et 15, tit. IV) ; la même loi réglait (tit. V) le droit au remboursement des anciennes charges pour les notaires en exercice.

En dépit de la loi, la cession de la clientèle et des minutes donna lieu encore à des marchés, qui constituaient une vénalité déguisée ; la loi de ventôse an XI exigea bientôt un cautionnement, enfin la loi de 1816 attribua aux notaires, en échange d'une augmentation du cautionnement, le droit de présenter leurs successeurs, et rétablit en fait la vénalité abolie par la Révolution.

Une tentative de retour à la législation de 92 rencontra en 1848 la résistance absolue des parties intéressées, et céda la place à de plus graves com-

plications politiques. Le décret de la Commune de
1871 reçut à peine un commencement d'exécution :
l'état de guerre et de violences était peu favorable
à l'expérience de simples réformes administratives,
moins nouvelles , on le voit, que ne le feraient
supposer les anathèmes dont les couvrent les igno-
rants qui eussent été contraints d'aller à l'école,
et les privilégiés qui eussent été réduits à l'égalité.

CRIMES

Notre intention ne saurait être de raconter les crimes de la Commune dont la funèbre liste se déroule depuis huit mois devant les conseils de guerre et dont l'empreinte, difficile à effacer de la ville, est ineffaçable de l'histoire. Nous voudrions, fidèles à la pensée de cette étude, rechercher dans le passé quelques-uns des précédents, et comme les ébauches de ces horribles forfaits. Nous voudrions que la recrudescence du mal, en même temps que ses origines lointaines, avertît la vieille médecine, qui ne connaît que la saignée, de son impuissance finale, et, puisqu'il lui faut décidément désespérer de guérir le crime, montrer qu'il serait peut-être temps que la raison de l'homme appelât en consultation son cœur.

Soyons un peu moins empiriques en thérapeutique, un peu plus en pathologie ; il ne s'agit pas de proclamer la Commune sans exemple, mais de la rendre sans imitateurs.

On sait que la plupart des membres de la Commune se disaient partisans de l'abolition de la peine de mort, et que sous la Commune les bois de justice furent brûlés boulevard Voltaire, mais combien de fois a-t-on transformé en bois de « justice » les douze fusils d'un peloton. Vols, séquestrations, assassinats pendant le triomphe, et l'agonie venue, pillages, massacres, parfois même le poison dans les intervalles de la fusillade, l'incendie enfin : tout le décalogue du mal.

Dès le seuil de l'insurrection, dès le 18 Mars, les cadavres de l'ex-général Clément Thomas et du général Lecomte. Si le Comité central se déclara (1) « étranger à ces deux exécutions, » il présenta (2) les victimes comme « victimes de la justice populaire. » Il annonçait cependant une enquête qui n'eut pas lieu ; pendant toute la durée de la Commune il fut de bon ton de se dire, même contrairement à la vérité, acteur du drame de la butte Montmartre. Aussi bien la Commune avait-elle indirectement justifié les assassins en amnistiant, le 27 avril, Nourri, condamné aux travaux forcés comme un des auteurs de l'assassinat du général Bréa, et en décrétant la destruction de la chapelle élevée sur le lieu du crime. La barrière Fontainebleau est en effet le précédent le plus direct de la rue des Rosiers. Il y a une analogie non moins saisissante dans le meurtre du seigneur de Conflans, maréchal de Champagne, et de Robert de Clermont, maréchal de Normandie, par les amis de Marcel, en 1357. Abandonnés des leurs comme les deux généraux, les deux maréchaux, exposés dans

(1) 20 mars.
(2) 21 mars.

la cour du Palais, sur la table de marbre, furent, eux aussi, outragés dans la mort.

Les canons de Montmartre ne sont pas les premiers canons qui aient été braqués sur la loi. Sans doute la plupart de ceux qui s'attelèrent aux canons et les traînèrent à Montmartre, le firent dans le but de dérober aux Prussiens un dernier trophée et se crurent fidèles aux termes de l'armistice qui avait laissé ses armes à la garde nationale. Mais en s'appropriant des pièces qui appartenaient du moins à la garde nationale tout entière, en les conservant, les Prussiens partis, et contre le gré du gouvernement régulier, en les tournant vers la ville, Montmartre sortit à la fois du patriotisme et de la légalité, et si le gouvernement eut tort de recourir à la force avant d'avoir épuisé les moyens de conciliation, il n'est pas juste de dire que l'expédition du 18 mars fût un coup d'État.

Nous avons déjà rappelé, dans un précédent cha·pitre, qu'après le départ du régentCharles (1357), le prévôt Marcel et les siens ayant forcé le château du Louvre, conduisirent les armes qui s'y trouvaient, canons, garos, arbalètes, à l'Hôtel-de-ville et sur quelques autres points. Le 5 octobre 1789, les femmes qui allèrent à Versailles y traînèrent les canons de l'Hôtel-de-ville. Pendant les premiers mois de la République de 1848, les canons des Voraces menacèrent Lyon des hauteurs de la Croix-Rousse. Les émeutes se croient souveraines quand elles tiennent la dernière raison des rois ; à son défaut, elles pillent les armuriers qui sont, en France, il faut le reconnaître, beaucoup plus exposés que les changeurs.

On sait avec quelle rapidité Paris se hérissa de
barricades le 18 mars et comment les fédérés avaient
établi une sorte de péage, les passants ne pouvant
franchir certaines barricades qu'en y apportant leur
pavé. Cluseret mit à profit les études qui avaient
été faites pendant le premier siége, il voulait un
système de barricades constituant une deuxième enceinte ; le temps manqua à son achèvement, cependant plusieurs barricades, notamment celles de la
rue Saint-Florentin, de la gare du Nord, des places
Saint-Pierre et Jeanne d'Arc étaient de véritables
forteresses.

Dans les anciennes barricades le pavé n'était pas,
comme depuis quarante ans, l'élément indispensa-
ble. Elles s'appuyaient invariablement à ces chaînes
scellées aux murs, inventées, dit-on, par Etienne
Marcel, déposées au château de Vincennes par
les oncles de Charles VI, rendues aux Parisiens
par Jean-sans-Peur, et qui se tendaient sponta-
nément, dès qu'il s'agissait d'arrêter un abus ou
d'empêcher de passer une vexation. Les tonneaux
pleins de terre s'alignaient, véritables gabions
de la guerre des rues. Les sentinelles avancées
s'abritaient d'un tonneau vide qu'elles roulaient
devant elles. Le 12 mai 1588 le Louvre fut enserré
dans le cercle sans cesse rétréci des barricades de
la Ligue, et les Suisses contraints d'abaisser leurs
piques humiliées devant les arquebuses de la garde
bourgeoise. Le 27 août 1648 vit les barricades des
parlementaires ; le barricadier d'alors était le coadjuteur de l'archevêque de Paris, le futur cardinal de
Retz ; c'est lui qui donna les plans. La cour fut contrainte de céder. Il y eut, suivant Talon, douze

cent cinquante barricades, le double environ des barricades de mai 1871 ; n'étant pas pourvues de canons, celles-là pouvaient être très-rapprochées dans le tortueux dédale du vieux Paris.

L'irrésistibilité même de la Révolution de 89 lui permit de se passer de barricades ; elle fut toujours assiégeante. L'ère des barricades de pavés commence à la chute de la Restauration ; les barricades sont comme les degrés par où la nouvelle monarchie monte au trône en juillet, en redescend en février. Le sol de la ville se soulève et s'émeut à chaque émotion populaire, certains carrefours sont classiques comme points stratégiques, certains pavés ne comptent plus les dynasties.

Les otages ! Ce mot réveillera à jamais l'indignation universellement soulevée par la mort de ces hommes pris à leur poste, en vrais soldats de Dieu, et qui, indulgents et sans menace, jusque dans l'agonie, ne levèrent le bras que pour bénir. La lettre, tant reprochée à l'archevêque, lui avait été dictée par un désir d'apaisement d'une lutte sans merci des deux parts. Le prêtre, qui prend la pensée de la mort pour compagne de sa vie, sait mourir ; ce jour-là est pour lui moins une séparation qu'un rendez-vous ; le départ lui est plus facile, car il se sait attendu. Otages, les prisonniers de la Roquette ne l'étaient même pas dans le sens de l'horrible décret de la Commune (qui voulait trois têtes pour une), ils n'avaient même pas passé devant les jurés de Rigault, et, quant aux dominicains d'Arcueil, il ne fut même pas question pour eux de cette qualité d'otages. Ce furent des représailles et aussi le fruit de la haine de certains hommes, pour qui les prêtres sont des étrangers puisqu'ils parlent du ciel, des ennemis puisqu'ils prêchent la morale et le redressement de la vie.

A côté des représentants de la loi divine, tombèrent ceux de la loi humaine, un magistrat et des gendarmes, ces modestes figures qui, comme la loi qu'elles défendent, ont le rayon de justice et le rayon de force ; ce sont des soldats que l'âge fait ressembler à des juges. Des otages ! Une hypothèque de chair et de sang ! On peut comprendre les otages volontaires, gages de la foi d'un serment, madame de Longueville, pour assurer les frondeurs de la fidélité des princes, se remettant, enceinte, entre leurs mains. Mais prendre des hommes, qui ne sont même pas des prisonniers de guerre, comme otages d'une lutte qu'ils désavouent, c'est la barbarie remontant à la surface de la société, des profondeurs de l'histoire.

L'exécution de Louis XVI et de Marie-Antoinette fut en réalité une exécution d'otages contre la royauté niée, contre les rois ennemis.

L'épouvantable ressemblance du massacre des otages en 71 et du massacre de septembre 92 n'est que trop visible. Les deux massacres s'acharnant aux prêtres, les prêtres captifs aux Carmes, chassés, tirés à travers le jardin, ainsi que les dominicains d'Arcueil boulevard d'Italie ; Vermorel s'honorant par un blâme du massacre, qui rapproche en ce point sa mémoire de la mémoire de Manuel ; le tribunal organisé par Maillard à l'Abbaye et la cour martiale présidée par Genton à la mairie du XIe ; le dépouillement des cadavres dans le chemin de ronde de la Roquette et la mise aux enchères des bijoux ayant appartenu aux victimes de septembre, agrafes sanglantes, bracelets dont le bras était tombé. Lors du massacre des Armagnacs à la prison du Châtelet, juin et août 1418, où les prisonniers tentèrent une résistance qui fut moins heureuse que celle des otages de la troisième section de la Roquette, on vit, dit le *Journal d'un Bourgeois de Paris*, « Convoitise, avec Rapine sa fille, et son fils Larrecin, qui tost après qu'ils estoient mors ou avant, leur ostoient tout ce qu'ils avoient. »

Quelques meurtriers de septembre crurent faire œuvre de salut, ceux de mai n'ont fait œuvre que de vengeance ; par là ces derniers sont plus bas en- core, bien que le nombre de leurs victimes soit en- viron dix fois moindre et qu'il n'y ait pas de femme parmi elles.

Nous avons plus d'une fois montré Paris, dès avant 89, envoyant aux provinces la cocarde nou- velle ; le 3 septembre 92, ce fut la propagande du meurtre. Marat adressa aux quatre-vingt-trois dé- partements une circulaire les invitant à imiter le massacre dont elle contenait l'apologie.

L'insurrection du 18 mars compta beaucoup de misérables dans le double sens du mot, des « vo- races » et des meurt-de-faim. La double ligne de leurs ancêtres se suit et se retrouve dans les révoltes qui surgissent par intervalles, sortes de sphinx qui ne se payent pas de mots, attentats sans phrases, li- quidation sociale par effraction et escalade, la ri- chesse sous le baiser du pauvre et sous sa morsure affamée.

Telle fut par ses crimes la révolte des Bagaudes, ennoblie cependant de patriotisme gaulois et de

christianisme. Leurs bandes mirent le siége devant
Autun et, devenues maîtresses de la florissante ville
des Eduens, la livrèrent au fer et au feu, n'épar-
gnant ni ses écoles célèbres, ni les maisons de spar-
ticuliers, ni les aqueducs et les fontaines (1) qui
étaient comme le trésor des villes à une époque où
la pudeur catholique n'avait pas encore détruit la
passion de l'eau et des bains. Une véritable furie
s'était emparée de ces hommes, ils détruisaient indis-
tinctement, faisaient la guerre aux châteaux sans laiss-
ser en paix les chaumières, ravageaient les (2) champs
sur des chevaux de labour. Ces événements furent
sanglants, mais trois hommes y trouvèrent la pourpre, les deux chefs des Bagaudes, Ælien et Aman-
dus, officiers romains, disent les archives d'Agaune,
et Maximien, envoyé contre eux par Dioclétien qui,
de ses mains, à Nicomédie, l'habilla de cette pourpre dont il importait de ne pas laisser aux seuls rebelles le prestige encore vivant. Une certaine adhésion des légions de la Gaule à l'insurrection avait
contraint l'empereur d'en confier la répression à des
forces orientales. Les Bagaudes furent vaincus tout
près de Lutèce, dans leur place d'armes, une pres-
qu'île de la Marne, située un peu au-dessus du confluent de la Seine, où ils se défendirent derrière le
fossé de Jules César. A l'exception des brigands de
profession, ils furent bientôt amnistiés.

On peut dire à la décharge de ces colons que,
serfs avant la féodalité, enracinés au sol comme les
plantes de leur culture, pareils à ces statues d'E-
gypte qui ont des bras et qui n'ont pas de pieds,

(1) Eumen. *Grat. actio.*
(2) Claud. Mamert. *Paneg.*

voués au travail immobile, leur colère avait la
fermentation terrible et les amertumes cuvées de ce
régime cellulaire dont ils devaient parfois sortir
violemment, mais dont l'écrou ne devait être levé
qu'en 1789. Ajoutez les oppressions spéciales de
l'époque. Les magistrats, dit le prêtre Salvien (1),
sont « pires que les voleurs de grand chemin. »
Chose curieuse, d'après les archives d'Agaune,
Bagaudes veut dire fédérés.

La Bagaudie avait été surtout le mouvement des
métayers, le mot de Pastoureaux, qui apparaît au
XIII° siècle, indique par lui-même un caractère
quelque peu différent. Le moine Jacob, prédicateur
devenu tribun, traita hautement les prêtres de loups
dévorants, peignit sur ses bannières l'agneau pascal
et se fit le pasteur des bergers, plus faciles à entraîner que les laboureurs, car ils n'enfouissent pas
comme eux leur âme dans un coin de terre avec les
semences de la récolte. On disait Jacob savant en
magie espagnole ; Mathieu Pâris le compare à Mahomet. Il vint à Paris et prêcha à Saint-Eustache.
Les Pastoureaux s'étaient réunis sous prétexte de
croisade, mais en réalité ils mirent à profit l'éloignement de Louis IX et ne se croisèrent que contre
les prêtres, dont ils firent à Orléans un horrible carnage. Ils furent eux-mêmes défaits sur le Cher par
la noblesse berrichonne ; Blanche de Castille, après
quelques exécutions, leur devint indulgente et, à
ceux d'entre eux qui désirèrent quitter la France,
elle facilita l'embarquement.

Comme l'empereur Caligula, les Jacques tirent

____

(1) *De Provid.*, p. 442.

leur nom d'une partie de leur vêtement, d'une chemisette d'étoffe, rembourrée de laine ou de coton, sorte de cuirasse paysanne, dont le diminutif jaquette est entré depuis à la ville. Le caractère rural de la révolte est incontestable ; un certain Pierre de Montfort, voulant soulever la ville de Caen, en parcourut les rues avec un modèle de charrue au chapeau. Cependant les Jacques s'allièrent souvent aux habitants des villes, notamment à ceux de Senlis (1) ; des nobles prisonniers des Jacques ayant été envoyés à Beauvais, le maire et les échevins les firent tuer (2). Etienne Marcel affirme dans sa lettre du 11 Juillet 1358 aux communes de Flandre (3), n'avoir pas été le promoteur de la Jacquerie ; au moins devint-il le pivot de ce mouvement qui eut sa plus grande intensité dans le bassin de la Seine. L'attaque du château d'Ermenonville fut faite par les Jacques de Guillaume Cale unis aux Parisiens envoyés par le prévôt des marchands et commandés par le prévôt des monnaies, Jean Vaillant. A la différence des Parisiens, qui attaquèrent le dauphin au Palais et la duchesse de Normandie, sa femme, au marché de Meaux, les Jacques n'en voulaient qu'aux nobles, non à la puissance royale ; ils se ralliaient au cri de Montjoye sous des bannières fleurdelisées. Le chambellan du roi, Robert de Lorris obtint d'eux la vie sauve en reniant « gentillesse et noblesse. » « Nous sumes homes cum il sont, » s'écriaient les Jacques ; toute révolution est dans ce mot. Nombreux d'ail-

(1) Chr. de St-Denis, ch. 74.
(2) Tres. des Chartes, reg. 90, p. 413.
(3) Archives d'Ypres.

leurs étaient leurs motifs de haine. Sans attacher la même importance que M. Luce (1) à l'ordonnance de Compiègne sur le relèvement des forteresses par les mains des vassaux, qui, en faisant des paysans les forgerons de leurs propres chaînes, se conformait simplement aux usages, il ne faut pas oublier les seigneurs et brigands s'alliant quelquefois et souvent se ressemblant, la fleur de la noblesse apparue, au champ de Poitiers, étiolée et pâlie, la science, le goût même des armes faisant place en elle à celui des bijoux, irrécusable signe que les hommes s'efféminent et vont ne plus compter : la revanche de Poitiers ne devait être prise que par Jeanne d'Arc.

Rien d'ailleurs ne saurait amoindrir à nos yeux les exécrables forfaits des Jacques ; s'il peut y avoir des circonstances atténuantes pour le coupable, il n'en est pas pour le crime ; si parfois le sang ne souille pas l'homme, il souille encore l'humanité. De même que parmi les paysans soulevés il y avait des brigands de profession, les plus honteux appétits entraient dans les causes du soulèvement. Toutes les chroniques signalent, en grand nombre, le viol, le plus lâche de tous les abus de la force, acte tellement odieux qu'il n'est jamais entré, comme le meurtre, dans la pénalité des nations, sauf dans cette pénalité illégale et criminelle des Romains, déchaînant les bêtes et les vices sur les martyrs chrétiens. Les Jacques détruisaient les châteaux et marquaient leurs étapes par d'horribles incendies, d'un vandalisme moins aveugle pourtant que ceux de 1871.

(1) *Histoire de la Jacquerie*.

Les Parisiens avaient été vaincus à Meaux, les paysans le furent à Clermont en Beauvoisis par Charles-le-Mauvais qui, à l'aide d'une trompeuse promesse d'armistice, ayant attiré Guillaume Cale en son camp, avait par avance décapité l'insurrection de son chef. Les Jacques furent taillés en pièces; un petit nombre réussit à se cacher dans les grands blés : la récolte sauva quelques paysans. C'en était fait de cette insurrection qui avait, comme il arrive si souvent, étouffé sous trop de cendres ce qu'elle pouvait porter de semences utiles. Les survivants furent, l'année même, amnistiés par le dauphin.

On sait quelle fut sur le soulèvement du 18 Mars l'influence des deux lois des loyers et des échéances, la première surexcitant l'émotion populaire, ouvrière, la seconde paralysant la résistance bourgeoise et, si l'on peut dire, marchande. Les questions d'intérêt ont fatalement une large place dans les préoccupations de ceux qui gagnent leur vie et qui suent les impôts. Au commencement du règne de Charles VI, une révolte s'émut aux Halles, lors du rétablissement, non consenti par les Etats, d'une aide du douzième sur les comestibles. Après quelques maillets cassés sur le dos des percepteurs, l'impôt refusé reparut, précédé de fortes amendes.

Le chef des Pastoureaux avait reçu la mort des mains d'un boucher; le commencement du xv° siècle vit Paris aux mains de la corporation des bouchers qui avait pour chef l'écorcheur Simon Caboche et le chirurgien Jean de Troyes pour orateur. Leurs bandes, fortes de la complicité de Jean-sans-Peur,

attaquèrent la Bastille, envahirent l'hôtel Saint-
Paul, habité par le dauphin ; bientôt, comme Marcel et les Girondins, ils habillèrent la royauté aux
couleurs de la révolution, mirent à Charles VI leur
chaperon blanc ; ainsi, avant d'arriver au zénith
de 93, le bonnet révolutionnaire éclipsa trois fois
le front royal. Ce chaperon blanc était celui des
Gantois, hôtes et amis des Cabochiens ; ceux-ci l'en-
voyèrent aux autres villes dont quelques-unes l'accep-
tèrent comme signe d'un lien fédératif, resté d'ailleurs toujours flottant. Cependant la bourgeoisie
parisienne n'acceptait pas l'hégémonie de la populace ; elle s'assembla au couvent des Carmes pour
délibérer d'une résistance qui ne fut pas jugée possible. Les bouchers s'élevèrent à d'importants emplois, de l'aveu contraint du duc de Guyenne. Caboche fut capitaine du pont de Charenton, le tripier
Denisot de Chaumont, capitaine du pont de Saint-
Cloud : c'étaient les deux avenues de Paris. Les
Cabochiens publièrent une ordonnance réformatrice,
démentie par leurs violences, noyades, « baignades »,
dira Carrier, sac de la maison de Gerson, chancelier
de Notre-Dame, bourgeois détenus et rançonnés.
La hache des bouchers décimait la cour, Montfau-
con était peuplé de gentilshommes. Une commission de douze membres fut instituée ; par ses procédés sommaires, vrai tribunal révolutionnaire. Un
prévenu de ce tribunal, Jacques de la Rivière, fut
assassiné dans sa prison par Jacqueville, capitaine
de Paris. On songe involontairement à Gustave
Chaudey, fusillé à Sainte-Pélagie par Rigault, procureur de la Commune, et sans plus d'apparence de
jugement d'une juridiction illégale. « Qui fut un bien

merveilleux cas, dit Juvénal des Ursins en parlant du premier de ces crimes, de tuer un homme ès mains de justice. » Les écorcheurs devenus égorgeurs, et ceux qui les suivaient, cette faction était une fraction assez faible de la population de Paris ; quand on en vint aux voix, neuf quartiers sur douze ratifièrent (2 Août 1413) le projet de pacification arrêté à Pontoise avec le parti d'Orléans. Ce vote était la chute des Cabochiens ; leurs chefs essayèrent en vain de conserver l'Hôtel-de-Ville ; ils virent de ses fenêtres, dans une sorte de plébiscite qui se fit place de Grève, ceux qui voulaient la paix devant se ranger du côté droit, ceux qui voulaient la guerre du côté gauche, ce côté laissé vide même par leurs partisans lassés. L'assemblée de Pontoise avait fait une déclaration d'amnistie qui ne fut pas observée : on exécuta, on confisqua, on bannit.

L'Orient est le pays de l'huile. Il en a lui-même la lenteur appesantie, le calme accablé, la flamme latente. La Grèce en frotte les gladiateurs, mais l'Orient en oint les rois. Il s'en égaie et s'en sert. La mer Caspienne se voit, dans le port de Bakou, couverte d'une nappe de pétrole, à certaines fêtes annuelles (1). Le feu grégeois qui, entre autres exploits, brûla la grande tour en bois de Mahomet II, sous sa triple enveloppe de peaux, a pour origine le feu mède. Les auteurs de l'Encyclopédie supposent que les robes envoyées par Déjanire à Hercule, par Médée à Glaucé, avaient été trempées dans le pétrole. La fournaise de Sidrach, Misach et Abdenago était alimentée avec du naphte ou pé-

____

(1) Chaulard, *Les Incendies modernes*.

trole et la flamme s'élevait à quarante-neuf cou-
dées (1). La surface de la mer Morte est encore
oléagineuse : les villes chananéennes ont été « pé-
trolées ».

Hérodote (2) avait vu dans l'île de Zante des lacs
où l'on récoltait une sorte de poix en y plongeant
une branche de myrte attachée au bout d'une
perche ; cette substance « à odeur d'asphalte » était
assez liquide pour s'emporter dans des amphores ;
un semblable lac existe à la Trinité, mais les procédés d'exploitation ont singulièrement changé. Les
anciens Egyptiens enduisaient d'asphalte les ban-
delettes des momies pour les rendre imperméables à
l'air ; Agrigente, patrie d'Empédocle, se servait de
lampes à pétrole.

L'affaire de la Varenne Saint-Maur, il y a quelques années, montra les huiles minérales employées
à effacer les traces d'un crime. Les Allemands se
sont servi du pétrole à Bazeilles. Aux journées de
Mai, il alimenta la destruction de Paris ; les vivan-
dières versaient l'alcool aux Vengeurs et le pétrole
à l'incendie ; elles nourrissaient la mort des deux
mains.

A défaut du drapeau rouge, l'agonie de la Commune eût pu arborer l'étendard qu'avait au temps
de la Fronde le roi des Halles : des flammes dans
une légende noire. La Commune s'était fait le sinistre exécuteur d'une menace ancienne.

En 1750, lors des troubles suscités (3) par les exac-
tions des exempts, le peuple faillit ne pas attendre

(1) Daniel, III, v. 16 et 17.
(2) IV, 195.
(3) Henri Martin.

et le déluge venir à son heure. Il fut question de marcher sur Versailles et d'aller demander des comptes au lit royal. Ce n'est guère que quand un pareil impôt est levé sur un peuple qu'il s'aperçoit de la pesanteur des autres, c'est là l'extrémité de la patience , l'infranchissable borne où trébuchèrent les décemvirs et les Tarquins. Dans le délire de cette fièvre, le peuple parlait de brûler Versailles.

On lit dans le plan de Babeuf : « Si quelques royalistes comptaient faire résistance, qu'une colonne armée de torches ardentes se porte à l'instant sur le point qu'ils auraient choisi , qu'ils soient sommés de rendre les armes, ou qu'à l'instant les flammes vengent et la liberté et la souveraineté du peuple. » On se rappelle le préfet Caussidière menaçant Paris d'une allumette chimique, cette foudre démocratisée. Dans un appel aux armes affiché sur les murs du quartier Saint-Antoine aux dernières heures des journées de Juin, on lisait : « Nous voulons la République démocratique et sociale... nous mourrons tous sous les décombres incendiés du faubourg. » Un drapeau pris sur une barricade portait, dit-on, ces mots : « Vaincus , l'incendie ! » Il n'y a pas bien longtemps, une proclamation d'un nihiliste russe menaçait les villes du « coq rouge. » Une lettre écrite d'Amérique par Cluseret à Varlin, le 17 février 1870, et citée dans le troisième procès de l'Internationale (juin 1870), disait en parlant de la révolution : « Ce jour-là, nous ou le néant ! Ce jour-là Paris sera à nous ou Paris n'existera plus. » Chez un des prévenus, Pindy, plus tard de la Commune, on avait trouvé la recette de la nytroglycérine et celle d'autres mélanges détonants; certaines recettes étaient suivies des mots : A jeter par les fenêtres, ou : A jeter dans les égoûts. Chez un autre affilié avait été saisi un dictionnaire donnant la clef des mots les plus usuels d'une correspondance chiffrée parmi lesquels figuraient nitroglycérine et picrate de potasse.

Une certaine préméditation de l'incendie de Paris n'est pas douteuse. La menace du *Cri du peuple* du 15 mai, que devait comprendre M. Thiers, s'il était « chimiste », les réquisitions de pétrole, ne sauraient laisser de doute à ce sujet. On s'attendait toutefois à l'explosion plutôt qu'à l'incendie ; certains monuments d'ailleurs, et par exemple l'Hôtel-de-Ville, furent détruits par la poudre non moins que par le pétrole. C'est sans doute à l'insuffisance des préparatifs et aux plus grandes facilités d'exécution que l'incendie a dû d'être préféré. A ces destructions on pourrait chercher un sens et sous chacune des ruines, tentées ou accomplies, reconnaître le cadavre d'un principe, aux Tuileries la souveraineté, aux Finances la fortune publique, à la Légion d'honneur la hiérarchie, au Palais la justice, à Notre-Dame le culte, à l'Hôtel-Dieu l'assistance. Le faubourg Saint-Germain a été frappé rue de Lille et le faubourg Saint-Honoré rue Royale. Laissant à part les raisons stratégiques qu'on ne pourrait discuter que si l'on admettait le droit insurrectionnel, il est vrai de dire que, telle qu'un moribond qui, de son dernier souffle voudrait éteindre le soleil, la Commune voulut que sa fin fût celle de ce Paris, qu'elle disait aimer, de cette ville si riche de passé et d'avenir, et qui n'est même pas le patrimoine d'une génération, car elle appartient aussi aux morts et aux enfants. Cette crise déchaîna les instincts ; la bête humaine, qui vient des forêts et qui y retourne, se rua à travers l'épanouissement d'une civilisation, comme un fauve dans un jardin ; elle ne respecta ni cette fleur qui est l'art, ni ce fruit qui est l'histoire.

Contre ces prétendus révolutionnaires, l'ombre de Robespierre ne protégea pas les Tuileries, ni celle de Marcel l'Hôtel-de-Ville. On vit des flambeaux par les rues comme dans la Rome qui eut Tacite pour peintre de ses laideurs et Néron pour architecte de ses ruines, plus coupable, disons-le en passant, que ne le fut jamais Catilina, car l'incendie n'eût été qu'un moyen pour l'élève de Sylla ; il était un spectacle pour le fils d'Agrippine. En ces sinistres jours que la nuit n'interrompait plus, plongé, les veines ouvertes, dans une mer de flammes, Paris fit penser à Pompéi.

L'incendie du 24 mai 1871 n'est pas le premier qu'ait eu à subir l'Hôtel-de-Ville. Le 4 juillet 1652, pendant que les échevins et les mandés étaient assemblés et délibéraient de l'union avec les princes, l'incendie fut allumé en deux endroits, du côté de Saint-Jean. Cette nouvelle trouva d'abord l'assemblée incrédule, mais bientôt une fusillade nourrie vint interrompre la parole du gouverneur. Tout comme le 22 janvier 1871, les assaillants, afin d'assurer leur tir, étaient montés dans les maisons de la place de Grève faisant face à l'Hôtel-de-Ville. Les assiégés organisèrent la résistance, élevèrent des barricades et firent chercher le Saint-Sacrement. Cependant les assaillants étaient allés prendre du bois sur le port, et, l'entassant aux diverses portes, y avaient versé de l'huile et y avaient mis le feu.

Le feu gagna la salle « qui est du côté de la grande arche » (1), « les pierres de la voulte esclattoient par la violence du feu ; » il fut éteint par « quantité de crochepteurs et de gens d'eau là présens. » Les registres de l'Hôtel-de-Ville disent qu'il y a là de quoi tirer « des larmes de sang à tous les bons bourgeois et habitans de Paris » et l'avocat-général Omer Talon que ç'a été « l'action la plus farouche, la plus brutale et la plus sauvage » qui ait été faite en France. Bien que les registres hésitent à se prononcer nettement, la responsabilité de cet attentat appartient aux princes, irrités de ce que le conseil de ville n'ait ouvert les portes de Paris aux troupes de Condé que sous la menace populaire. On vit place de Grève des distributions d'argent faites par des hommes ayant au chapeau le brin de paille qui était (2), depuis le combat de la porte Saint-Antoine, où il leur avait servi à se reconnaître, le signe de ralliement des ennemis de Mazarin, étrange cocarde pour un parti qui ne reculait pas devant l'incendie. Le chef d'une des bandes d'assaillants , Blanchart, ayant été tué dans la lutte, fut porté par les siens à l'hôtel de Condé ; un des condamnés à mort à la suite de ces événements était « officier de cuisine » du prince. Un fripier de la rue Quincampoix déposa d'ailleurs avoir loué deux cents habits d'artisans aux soldats du régiment de Bourgogne, dont plusieurs furent reconnus parmi les morts. Dans l'espoir d'apaiser la furie des agresseurs, on avait vainement jeté de nombreux projets d'union, de ces

(1) Registres de l'Hôtel-de-Ville.
(2) Mémoires de Conrart, p. 142.

fenêtres, d'où tant de noms plus tard devaient tomber souverains. L'incendie fut d'ailleurs éteint et quelques victimes sauvées par le duc de Beaufort et mademoiselle de Montpensier qu'avaient tardivement envoyés Gaston et Condé.

Le 5 octobre 1789, après que les femmes eurent à coups de pierre écarté la garde nationale, qui ne put se décider à riposter, des hommes à pique entrèrent à leur suite à l'Hôtel-de-Ville ou plutôt forcèrent la petite porte de l'arcade Saint-Jean. Ces forcenés, quelques femmes aussi, parlaient de mettre le feu au palais du peuple. Maillard parvint à le préserver en détournant sur Versailles la foule et sa colère.

L'inquisition crut à la vertu du feu. La folie de la croix devint parfois folie furieuse sous le ciel brûlant d'Espagne, et rêva pour le paradis l'éclairage des jardins de Néron. Poursuivie dans l'homme, on poursuivait aussi la pensée dans le livre. L'Eglise sentait Gutemberg plus dangereux encore que Luther. L'index indiquait le bûcher.

C'est d'ailleurs un procédé immémorial. Antiochus Epiphane brûle la Bible, Dioclétien l'Evangile, Ximenès le Coran, Innocent IV l'Evangile éternel, Luther la bulle du pape, le Parlement Emile en 1762, la section du Museum les oraisons de sainte Brigitte le 22 brumaire 93.

Ailleurs c'est une hécatombe, toute une bibliothèque. La bibliothèque d'Alexandrie est brûlée par un homme qui avait passé un bras de mer à la nage, un manuscrit dans une main, et la bibliothèque palatine, par un homme qui avait un jour eu l'honneur d'être le commensal de Molière.

L'odieux de ce genre de crimes augmente à mesure que le temps marche, ceux qui les commettent
savent de plus en plus ce qu'ils font. Par cela même
qu'il est le dernier en date, l'incendie de la bibliothèque du Louvre est le plus criminel de tous. Pour
nous, l'incendie d'une bibliothèque nous fait l'effet
des sacrifices humains.

La Commune de 93 avait pris le 24 brumaire un
arrêté décidant « que le théâtre de la Montansier
au Palais-Royal sera fermé, de crainte qu'il ne
brûle la bibliothèque nationale qui est en face. »

L'islamisme interdit la peinture, la statuaire, de
peur qu'elles ne créent des dieux. Et de fait, ce
n'est pas Jupiter, c'est Phidias qui est le père de
Minerve, qui la tira de son cerveau, armée d'une
beauté divine. Les vieux Romains proscrivaient le
luxe; les dames romaines restèrent fidèles tant que
la vaisselle fut en bois, et si les armes romaines
conquirent la Grèce, à son tour Rome fut conquise
par les vases de Corinthe et les tissus de Milet.
« Laissons croire aux Italiens, disait Mably, (1) que
leurs babioles honorent les nations; qu'on vienne
chercher parmi nous des modèles de lois, de mœurs
et de bonheur et non pas de peinture. »

En dépit du communisme iconoclaste, la cause
de l'art est définitivement gagnée. C'est l'indiscutable couronne, l'effigie de l'idéal sur l'argile humaine et, au-dessus de notre lit de douleurs, le
grand rêve étoilé auquel chaque siècle ajoute une
constellation! Ce ne fut qu'un cri quand on vit les
flammes approcher des galeries du Louvre, et le

____

(1) *De la Législation*, l. II, ch. I.

bûcher se préparer où allaient monter ensemble
Raphaël et Rubens, l'Infante Marguerite, saint
Bruno, la Joconde!

L'arrêté du 11 mai par lequel le Comité de Sa-
lu public décréta la saisie des meubles de M. Thiers
et la démolition de son hôtel ne laisse pas que de
rappeler les mesures de confiscation prises par le
Parlement révolté contre Mazarin, qui avait trans-
féré le Gouvernement à Saint-Germain et, à la
veille d'une guerre contre les Parisiens, avait laissé
la Bastille avec une garnison de vingt-deux hommes. Un premier arrêt mit la tête du cardinal, après
consultation des registres, au même prix que celle
de l'amiral Coligny sous la Ligue : cinquante mille
écus. L'arrêt ne fut d'ailleurs qu'un texte à commentaires plaisants pour cette révolution qui riait,
quand elle ne chantait pas. Un pamphlet du
temps (1) promet vingt mille livres « à l'apothi-
caire qui, lui donnant un lavement, empoisonnera
le canon. A toutes femmes et filles de la cour ou
autres de la ville qui l'éventeront avec des éventails
empoisonnés, cinquante mille écus. » Un second
arrêt décida la vente de ses meubles et de sa bibliothèque, afin de payer un assassin, dit Voltaire. On
trouva chez Mazarin moins d'œuvres d'art que place
Saint-Georges, en revanche on vendit « pour quatre
cent mille livres d'essence et de parfums qui se trou-

____

(1) *Tarif du prix dont on est convenu dans une assemblée de
notables tenue en présence de MM. les princes, pour récompenser
ceux qui délivreront la France de Mazarin, lequel a été juste-
ment condamné par arrêt du Parlement.* — Paris, chez Nicolas
Vivenay, imprimeur ordinaire de monseigneur le prince de
Condé. 1652.

vèrent chez lui (1). » On sait, ajoute l'abbé Richard, qu'il en avait besoin.

La destruction de la colonne de la grande armée, de la chapelle expiatoire, de la chapelle Bréa, marqua mieux que tout le reste l'esprit absolutiste de la Commune, son autocratique tendance à faire la loi aux morts et la guerre aux souvenirs. Interlignant l'histoire, elle data ses décrets de l'an 79 de la République, comme Louis XVIII ses ordonnances de la vingtième année de son règne. Les gouvernements, quels qu'ils soient, ressemblent tous au nouveau mari d'une veuve; leur premier soin est de faire disparaître l'image du défunt afin d'écarter toute pensée de comparaison. C'est ainsi que la révolution de Février a banni du Carrousel la statue du duc d'Orléans qui n'était pourtant que le souvenir d'une espérance, c'est ainsi que le 4 septembre noya sous le pont de Neuilly la redingote, le petit chapeau qui avaient vu fuir les Prussiens à Montmirail, à Ligny. Pas un de nos régimes ne s'est senti assez fort ou assez pur pour évoquer en face de lui le passé et dire au pays: Comparez.

La destruction de la colonne a surtout un sens profond. Le drapeau tricolore attaché à sa chute qui allait accomplir un vœu des Prussiens, c'est là un crime de lèse-France, la plus sacrilège impiété. Le Saint-Siége, qui blâma toujours aussi le militarisme en théorie, a respecté la colonne Trajane, seulement il a couronné les défaites des Daces de la statue de saint Pierre.

***

(1) *Parallèle du cardinal de Richelieu et du card nal Mazarin,* par l'abbé Richard.

Il n'entre pas dans notre plan de montrer la
grande part prise aux crimes de la Commune par le
Comité de Salut public, emprunt fait par elle non
à la première Commune, mais à la Convention. Le
seul comité que nous comprenions dans une guerre
civile est celui que demanda en vain Camille Desmoulins, le comité de la Clémence.

La démocratie, c'est la défiance, a dit Proudhon (1). Désillusionné du merveilleux, le peuple est
resté crédule à l'absurde; le soupçon se plaît dans
l'ignorance, c'est un oiseau de nuit. La Commune
rétablit les cartes de civisme sous le nom de cartes
d'identité. Elle vida certaines prisons, mais les remplit toutes; les écharpes de ses délégués étaient surtout bonnes à garrotter. Cette révolution s'est montrée digne de relever la Bastille.

Un grand nombre d'églises furent pillées par les
fédérés, par les compagnes de leurs aventures; ceci
nous remet en mémoire un passage d'un auteur ecclésiastique (2), qui montre les routiers donnant à
leurs concubines les corporaux pour s'en faire des
voiles.

Un des plus détestables crimes de la Commune
est le recrutement de son armée. Elle prit pour ra-
coleuses la menace et la misère, rendit la guerre
civile obligatoire; les ateliers furent fermés par sa
faute, et quelquefois par ses soins. Elle arma des
forçats comme Rostopchin, autre incendiaire, mais
sans avoir comme lui la suprême excuse de la patrie. Elle admit parmi ses défenseurs des femmes,

____

(1) *La Révolution sociale démontrée par le coup d'état.*
(2) St Antonin, *Hist. eccl.*, II, 759.

elle admit des enfants, les « pupilles » ; que de cadavres sur les barricades n'avaient pas la taille
militaire ! Elle noircit de la poudre de la guerre
civile les mains d'une génération qui en était restée
pure jusque-là ; par elle, enfin, il y a en France, à
cette heure, des yeux en larmes et qui ne sont pas
tournés vers la frontière !

FIN

TABLE DES MATIÈRES

COULOMMIERS. — Typog. A. MOUSSIN.

BIBLIOTHÈQUE D'HISTOIRE CONTEMPORAINE

VOLUMES IN-18 A 3 FR. 50 C.

CARTONNÉS, 4 FR.

CARLYLE. Histoire de là Révolution française, traduit de l'anglais par M. Elias Regnault. — Tome Ier : LA BASTILLE. — Tome II : LA CONSTITUTION. — Tome III et dernier : LA GUILLOTINE.

VICTOR MEUNIER. Science et démocratie. 2 vol.

JULES BARNI. Histoire des idées morales et politiques en France au XVIIIe siècle. 2 vol.

JULES BARNI. Napoléon Ier et son historien M. Thiers. 1 vol. Edition populaire sous le titre : Napoléon Ier. 1 vol in-18. 1 fr.

AUGUSTE LAUGEL. Les États-Unis pendant la guerre (1861-1865). Souvenirs personnels. 1 vol.

DE ROCHAU. Histoire de la Restauration, traduit de l'allemand par M. Rosenwald. 1 vol.

EUG. VÉRON. Histoire de la Prusse depuis la mort de Frédéric II jusqu'à la bataille de Sadowa. 1 vol.

HILLEBRAND. La Prusse contemporaine et ses institutions. 1 vol.

EUG. DESPOIS. Le Vandalisme révolutionnaire. Fondations littéraires, scientifiques et artistiques de la Convention. 1. v.

THACKERAY. Les quatre George, traduit de l'anglais par M. Lefoyer, précédé d'une préface par M. Prévost-Paradol. 1 v.

BAGEHOT. La Constitution anglaise, traduit de l'anglais. 1 vol.

ÉMILE MONTEGUT. Les Pays-Bas. Impressions de voyage et d'art. 1 vol.

ÉMILE BEAUSSIRE. La guerre étrangère et la guerre civile. 1 vol.

ÉDOUARD SAYOUS. Histoire des Hongrois et de leur littérature politique de 1790 à 1815.

EDGAR BOURLOTON. L'Allemagne contemporaine. 1 vol.

B. BOERT. La guerre de 1870-1871, d'après RUSTOW. 1 vol.

HERBERT BARRY. La Russsie contemporaine, traduit de l'anglais, 1 vol.

HEPWORTH DIXON. La Suisse contemporaine, traduit de l'anglais, 1 vol.

LOUIS TESTE. L'Espagne contemporaine, 1 vol.

FORMAT IN-8.

SIR G. CORNEWALL LEWIS. Histoire gouvernementale de l'Angleterre de 1770 jusqu'à 1830, trad. de l'anglais et précédé de la Vie de l'auteur, par M. MERVOYER, 1 v. 7 fr.

DE SYBEL. — Histoire de l'Europe pendant la Révolution française.

    1869. Tome Ier, 1 vol. in-8, trad. de l'allemand.   7 fr.

    1870. Tome II, 1 vol. in-8.   7 fr.

TAXILE DELORD. Histoire du second Empire, 1848-1869.

    1869. Tome Ier, 1 fort vol in-8 de 700 pages.   7 fr.

    1870. Tome II, 1 fort vol. in-8.   7 fr.